周欣◎著

和儿子一起努力

当代世界出版社

图书在版编目（CIP）数据

与儿子一起努力/周欣著. —北京：当代世界出版社，2011.10
ISBN 978-7-5090-0776-1

Ⅰ.①与… Ⅱ.①周… Ⅲ.①家庭教育 Ⅳ.①G78

中国版本图书馆 CIP 数据核字（2011）第 173288 号

书　　名：	与儿子一起努力
出版发行：	当代世界出版社
地　　址：	北京市复兴路 4 号（100860）
网　　址：	http://www.worldpress.com.cn
编务电话：	（010）83908456
发行电话：	（010）83908410（传真）
	（010）83908408
	（010）83908409
经　　销：	全国新华书店
印　　刷：	三河市祥达印装厂
开　　本：	710 毫米×1000 毫米　1/16
印　　张：	15
字　　数：	225 千字
版　　次：	2011 年 10 月第 1 版
印　　次：	2011 年 10 月第 1 次
书　　号：	ISBN 978-7-5090-0776-1
定　　价：	28.00 元

如发现印装质量问题，请与承印厂联系调换。
版权所有，翻印必究；未经许可，不得转载！

目录
Contents

楔　子　在安逸中 /1

第1卷　"小狗"出世

01　从相亲开始 /6
02　有一个平安夜属于我们 /10
03　相知 /15
04　考试 /21
05　见红 /27
06　幸福的意外 /33
07　初为人父 /39
08　我的父母 /44
09　合理的期望 /53
10　合格的父亲 /57
11　有话好好说 /64
12　有强就有弱 /69

第 2 卷 育人者先育己 /73

- 01 与孩子成为什么样的关系 /74
- 02 家的感觉 /81
- 03 自由和追求 /86
- 04 向往高尚 /92
- 05 我们都缺少内涵 /98
- 06 固执与狭隘 /103
- 07 答案有标准吗 /108
- 08 环境不是很重要 /115
- 09 取巧与卖弄 /120
- 10 真实的味道 /125
- 11 腐朽与神奇 /131
- 12 自我期望的丧失 /141
- 13 把理想还给孩子 /147
- 14 打开心智——痴迷 /152
- 15 打开心智——敏感 /158

第3卷 努力永不言迟 /169

01 身在福中不知福 /170
02 被依赖的责任 /174
03 越闹心越幸福 /177
04 人生路上处处是侥幸 /183
05 也有遗憾 /196
06 世上最好吃的是亏 /202
07 可悲的道德 /206
08 抛弃内心深处的狭隘 /211
09 让自己努力起来 /215
10 努力的价值 /220
11 努力的方向 /224

后　记　我们在努力 /228

楔子　在安逸中

　　我从上世纪走来，刚刚习惯了"零"字开头的年份，转眼又将成为过去。2009年了（编者注：作者从该年开始着手写书），我该做些什么呢？无数次问，无数次尝试，无数次放弃，好在虽然已经习惯平庸，但似乎还没有就此妥协。今天，我又问了自己一次：三十多岁了，我该做点什么了吧？曾经觉得自己做什么都行，也觉得没什么不可以去做的，可就是有心气做事，没耐心做成事。一件事没做几天就无疾而终，大多不是因为碰到困难而放弃，而是总觉得眼前可做能做的事太多，不愿拘泥一事，结果事事想做，而最终一事无成。所幸的是，有一件事终于断断续续的坚持了下来，那就是锻炼身体，跑步、打篮球，最近几个夏天还玩起了游泳，虽然都是三天打鱼两天晒网，但总算保持住了还算强健的体魄，没有在诸多的坏习惯里把身体彻底荒废。如果还有值得庆幸坚持下来的，那就是如开头所说的：始终尝试，尚未妥协。

　　其实我人生一路无风无雨，大学、工作、结婚、生子，如愿得很。在多数人看来，这样的生活是备受羡慕的，我自己也常常得意：为什么不甚努力的我却过着舒适安逸无忧无虑自由自在的生活。向来对鬼神佛祖嗤之以鼻的，在人生道路这个问题上，不得不怀疑是不是有个神仙在冥冥中保佑着我。然而，如果不是有足够的辩证素养，也许到老了我也不能明白，其实有得必有失。没错，我是很安逸，安逸本也没错，人的那么多聪明才智和发明创造不都是奔着安逸去的吗？不过，耽于安逸就让我失去了很多。有时候，特别是在安逸得无所适从的时候，我会想，如果这时候我一无所有，为生计所迫，会怎么样？我想象我发愤图强的样子，我能想到几年以后我会比现在好很多，不仅仅是安逸的条件，光是那奋斗的精神就让现在的我羡慕不已。可是，为什么现在的我就不能奋斗了呢？不是不想奋斗，每一次尝试都是骨子里尚存的奋斗之血使然，而一次次的放弃却将我奋斗的意志逐渐消磨殆尽。

安逸是天堂，可对于那些有使命感的人来说，安逸却是地狱。如果我甘愿得过且过，那么我会很贪恋安逸，可是我知道我不能那样活。即使过去和现在的安逸真的是有个神仙在庇护着，但我不会奢求也不会希望哪个神仙会一直保佑我将来安逸，因为我不愿把命运交给别人，包括神。

尽管生活在全世界最有内涵、文明史最长的国家，尽管生活在这个国家最富饶的地方——浙江，尽管生活在家庭和睦有房有车的蜜罐里，尽管我始终对这份赐予怀着感恩的心，但我仍不甘成为一只堕落在蜜罐里的可怜虫。我常常想，如果蜜罐破了，我怎么生存？如果不仅仅是蜜罐破了，而是灾难来了，我能抵御吗？我能保护好我的家人吗？往大了说，我能为抵御某个民族的灾难或者是人类的灾难使上劲吗？我不渴求成为英雄，因为那似乎意味着我期盼着灾难来临，但我决不能无视漫漫长路上隐藏着的灾难，如果因为我的无知，因为我的慵懒和软弱，在灾难来临的时候不堪一击，眼睁睁地看着一切被灾难吞噬，那是一件多么可悲的事情。真的到了那个境地，我想我一定会后悔，后悔曾经贪图安逸，可是那时候后悔还有什么用吗？

要把命运掌握在自己手里！也许就是这样的使命感一直刺激着我，让我没有在多年的安逸生活中彻底麻木，保留住了奋斗的火种。但是我明白要真正燃起这个火种的难度有多么大。过去每一次尝试都是一次燃烧，每一次放弃又是一次熄灭。火种在，燃烧起来总很容易，但要看到熊熊燃烧的那一刻，必须长时间不停地添薪，即使哪一天火势很猛了，也要小心呵护，也许不小心受到某一个欲望的勾引而迷失了方向，就可以让我顿时失去这样的火势，甚至熄灭。欲望，谁没有欲望，谁不想满足欲望？但很多时候，人们懂得控制欲望的重要性，因为我们知道欲望是摧毁意志的杀手。不过在安逸的环境下，意志就显得不那么重要。这也许是欲望在安逸的环境下得以泛滥的原因，也正是我长时间想奋斗却浅尝辄止，想摆脱却欲罢不能的原因吧。

七情六欲，人性也，不可过分诋毁，过分诋毁便是扭曲人性。但若是耽于一情一欲不能自拔，那就成了堕落，该被批判了。赌徒、吸毒者是其中两个典型代表，他们为了满足各自的欲望可以不择手段，不计后果，是堕落的两种极端表现。类似的极端表现还有很多，网络成瘾、盗窃成瘾、酗酒成瘾等等，因为它们会给个人和社会造成很大的危害而备受重视。但其实人性之堕落远不止于此，远不止于那些被人重视的危害。我认为的人性堕落，根本上是自我意志的不能控制，不能实现。想解脱不能解脱就成了乖戾，想振作不能振作便成了庸俗。当然这样定义堕落，似乎要把所有人都套上堕落的帽子，毕竟每个人或多或少都有自己不能控制的情或欲。不过幸好这只是我对自身的判断标准，我想严格要求自己总好过放纵自己吧。

第❶卷
"小狗"出世

01 从相亲开始

我是堕落的，过去是，现在也是，不过我希望将来不是。大学毕业十年了，工作十年了，和老婆在一起六年了，儿子也满三岁了（注：此段写于 2009 年 4 月），可是这十年里与我相伴最多的不是老婆孩子，更不是什么所谓的事业。惭愧的是，造成这样的局面不是因为他们曾抛弃过我，相反，是我总是忽视了他们，忽视那些我自以为很在乎的她、他、它。有一幕已经过去好几年了，可是现在仍时常在我脑海闪现。老婆刚怀着孩子的时候，身体不适得厉害，每天傍晚六点半左右就要躺到床上去睡觉。三个月后老婆渐渐适应了，不像之前那么早就想躺床上去。有一天，老婆对我说："欣，今天别玩游戏了，陪陪我吧。"可是已经习惯老婆早早睡觉的我已经巴不得她快点上床躺着，好让我安心玩。于是我说："你早点睡吧，看，都六点半多了。"老婆不依，继续用期盼的眼神望着我说："今天我不想这么早睡，你陪我说说话吧，求你了！"可是回答她的还是那句话："说什么呢，早点休息吧。"老婆知道我不是那么容易妥协的人，所以甚至用上了"求"这个字。事后想想，从来没求过我的老婆那天晚上被我狠心地拒绝后会是多么的伤心。玩游戏玩到这种程度，不是堕落又是什么！

后来老婆再也没求过我什么。因此我经常会半开玩笑地对她说："黎，求你了，你再求我一次吧，我一定会答应你的。"其实每次我在问之前就知道是这个回答："切，我这辈子再也不会求你了。"但是我就爱那么问，因为我总希望她把憋在心里的那股劲释放出来，别把那天晚上的伤心和怨恨捂得那么牢。其实我伤她心的又何止那一个晚上，以至于那个曾经很依赖我的女人现在常常用"独立"两个字来提醒我她已经不那么在乎我了，包括我怎么玩游戏她都不管了。当然，这些都是嘴巴上的话，不代表心里真正的想法。其实我们都知道我们之间的感情还是很深厚的，我爱着她，正如她依然爱着我一样。

和老婆刚认识的时候，觉得她是一个很温顺的人，温顺得让我感觉她就是为了我才来到这个世界的。那时候，我说的每一句话她都乐意倾听。我常常惊异于她的领悟能力，那些我平日里整年整年地想才整出来的一点道道，在我用语言表达不甚清楚的情况下她都能很快摸到大概。可是她不像我那么爱想，她几乎从来不费力气去思考些什么。而我则经常会把一件事或一个问题翻来覆去、扩大无限倍地去遐想，但得出的结论往往和她什么都不想就得到的结论是一样的。思维方式的不同也许是我们之间最大的区别，但因为我们在很多观点上能保持一致，所以我们依然有着相似的生活态度。

我和黎在 2003 年底相识，第二年开始谈恋爱，那时候我二十七岁，她小我两岁。我们是朋友介绍认识的，也许是我们的性格注定了要靠这种方式并且在这个时间段认识。老婆有句话总结得不错：我们的相遇是因为在合适的时间碰上了合适的人。是的，如果早两年，她还没有寻找的渴望，而我还尚未抹去那自负得近乎天真的锋芒，即使我们会以更巧妙的方式相遇，也不太可能走到一起。也许是我的天真和自负，加上从小扎根脑海的封建意识，让我的恋爱经验以及对女人的了解只能用"惨淡"二字来形容。我原以为我这种类型的人是稀罕的，但随着年龄的增长，我开始渐

| 与儿子一起努力

渐认识到这是性格上的缺陷，于是开始主动接受朋友的帮助，去试着接触女生，即所谓的相亲。几次轰轰烈烈的相亲行动无功而返后，我很快对相亲失去了兴趣和信心。也就是这时候，黎不知不觉地进入了我的相亲程序。而这一次，我几乎是抱着敷衍介绍人的心态去的。

没有抱希望的我和黎约在上岛咖啡厅见面，12月11日，晚上7点。在这之前，我参加了一帮朋友的聚会。这是一帮我在这里惟一的朋友圈，我们常常在一起以吃饭打牌为乐。2003年的时候这种聚会达到顶峰，几乎每个礼拜都要聚两次，我们管这个叫"弄弄"。在我还没有认识黎的那几年，只要朋友电话打来约我"弄弄"，我都会很高兴地接受，因为这几乎是我除了电脑游戏以外惟一的爱好：每每玩牌到深夜，我们几个一起再去铁路边上的一个夜宵城里吃点东西，边喝酒边纵情唱歌，常玩到凌晨一两点钟才罢休，那种轻松、那种洒脱、那种愉快让我至今怀念。这一天我们吃好晚饭后，我对他们说："今天晚上的相亲，不管成与不成，8点之前必出来。"言下之意是我还要参加接下来的打牌活动。

不抱希望不代表没有希望。事情的进展往往和预期相反，我和黎的第一次见面就让我看见了希望。那天晚上，大约在6点50分左右，我坐到了咖啡厅预定的位置上，开始不着边际地想着相亲过程中可能发生的情况，也许当时我想得最多的问题是如何体面地撤退。不过黎没有给我时间多想，7点的钟声刚刚敲起，她进来了。个子不高，有些胖，一身厚厚的冬装尤其是那条裹在外头的长长的米黄色大衣让我看不出她的身材。

"这么准时啊！"我朝她笑了笑说道。

"你也是啊。等很久了吗？"她的声音很好听，一口整齐洁白的牙齿让我羡慕。

"没有没有，刚来。"我正说着，服务员过来问我们需要点些什么。咖啡于我就是一个形式，只要价格不太贵，什么都一样。要了两杯咖啡，好像叫卡布基诺什么的，服务员又问要现磨的还是直接端上来可以喝的那种。我问现磨的是怎么样的，服务员指着边上一座上当着客人面正在"嘎嘎嘎"磨的摆设说："那就是现磨的。"在征求黎的意见后，我们一致否定了"现磨"，因为那动静实在不是我们喜欢的。不过，这却成就了我俩的第一个共同决定。

接下来的就是聊天，至于聊什么，那基本就看我想到什么了。虽然我不善与女士交往，但这种场合，作为一个男士，主动点是理所当然的。平日里我不是一个爱说话的人，在单位里，如果场合允许，我可以一整天都不说话；在家里，如果我不是处在兴奋状态，我都不愿意和父母亲多说话。不为什么，就是感觉话不投机。和黎聊天很舒服，她时而将下巴托在两个拳头上，时而上身前倾双手交叉倚在桌子上，不管如何变换姿势，她的目光始终平和而有神地注视着我。在需要的时候，她会很快接上话题，肯定些什么或者是补充些什么。她说的话不多，但都不跑题，精炼的措辞让我感觉她完全明白我在讲什么。偶尔她讲话的时候，我可以仔细端详她，没有刺鼻的香水味，没有不属于自己的颜色，姣好白嫩的皮肤上稍微点缀了一些细小的雀斑。

很快的，一个小时就过去了。如果不是那场未散的聚会和我对朋友的承诺，我想我们还会在咖啡厅多聊一会儿，或者是换个地方去走走。从咖啡厅出来后，因为顺路，我们一直走到她住的小区附近，然后分开了。第一次见面就那么匆匆结束，留下来的是未知的悬念：是继续还是终止？没有人知道，包括我自己。时隔多年回忆起这些，很多细节已经模糊，不过那个晚上，黎大方的谈吐、平静的倾听，特别是敏锐的思维都给了我很好的印象。而对于黎来说，那天她的本色和我的本色相遇，虽然没有碰出激情，但都给彼此留下了好感。

02 有一个平安夜属于我们

我的潜意识里，在朋友交往这个问题上，我希望对方能主动一些。那些爱摆架子的人，一看就知道架不住哪怕是一点点金钱、荣誉、权利的单薄，还支着一副矜持的样子，让我一想起就厌恶。这种感觉延伸开来，我对任何低三下四的请求，甚至只是三番五次的恳求都觉得是作贱自己。我承认这种感觉是狭隘的，但这确实是多年来固守在我内心的一个特质，相信很多人都有，但这点在我身上似乎特别强烈。

那天之后又隔了一天，我主动约黎出来，但没想好出来后干什么。简单讨论后，我们很快达成一致：散步。这个最简单最传统最轻松的活动形式后来成为我们恋爱的主基调，在散步途中发现有合适的小吃就进去吃一点。散步和小吃，两个毫无时代特色的活动基本构建了我和黎的爱情，黎在我们的散步中倾听我的各种高谈阔论，我在我们的小吃中感受黎的聪慧随和。

不过从第一次散步后很长时间我都没有再打电话给黎，道理很简单，因为我不希望老是主动下去。黎也一直没有和我联络。就在我以为一次相逢又将成为往事后的一天中午，那是2003年的圣诞节，距离我们第一次相见十多天了，我收到黎的一条手机短信。这条短信我曾一直保留在手机里，不过那个手机后来坏了，这条短信的具体内容也就遗失了。对我来说，这是一条意义非凡、扭转乾坤的短信。和现在流行的那些一到节日就漫天飞扬的转发短信不同，这是黎亲自为我录入，但这显然不是这条短信意义的关键。这条短信告诉我：黎在主动示意她仍在意着我。

那天中午，因为工作的原因我喝了不少酒，还吐了。不过我认为喝酒过量而呕吐是一种自我保护，所以很多时候酒一喝多我就会主动去吐掉。吐酒对我一点都不难，不像有些人要用手指抠喉咙之类来帮助呕吐，我几乎是张嘴就来。不过我的酒量真的很一般，小时候家里在这方面管得严，几乎从没碰过酒。读大学后，开始和同学一起喝点酒。好像是大二吧，一个挺要好的同学过生日，他们一宿舍的人一起在学校后面的一条饮食街上为他庆贺，也叫上了我。我的同学以北方人居多，爽气、能喝酒，酒桌上也就特别来劲。席间，大家你来我往很热闹，我性子耿直禁不住劝酒，也一杯杯喝起来。无奈实在酒量有限，没喝几轮就蔫了。不知道谁问了一句："周欣，你喝了多少啊就醉了？"

"一点六七瓶。"虽然真的醉了，但我仍寻找到了一个不俗的回答来博取大家一乐。大家果然都被这个回答吸引住了，一边大笑，一边纷纷问我怎么知道是一点六七瓶。

"看，我这里有两个啤酒瓶，一瓶空了，一瓶还剩下三分之一，就是说我喝了一又三分之二瓶，精确到小数点后两位，就是一点六七了。"大家再次被这个回答笑翻。我们是学建筑工程的，这样的回答也许真的很合大家的口味，以至于很多年以后，我们几个同学在一个同学的结婚酒席上再次见面，大家仍把一点六七瓶这个事拿来消遣。

与儿子一起努力

收到黎的短信时我大概正趴在办公桌上睡觉,迷迷糊糊看着短信,我突然兴奋起来,原来这女人还记得我!我随即跑到一个人不多的地方将电话打了过去。

"喂,古黎啊?"其实我是想了很久才把她的名字想起来。

"是的。你好啊,周欣。"那声音真好听,比这更让我舒服的是,她毫不含糊地记住了我的名字。

"呀,今天喝多了。"我表明了喝过酒是为了让接下来的话听起来不是那么粗鲁:"你这女人怎么到现在才想起我啊?"

"呵呵,什么呀?你不也是一直没想起我吗?"相比较那些扭扭捏捏惺惺作态的回答,这样的回答我特别乐意听,因为它直接打动了我,让我明白她确实在意着我。

"那好,晚上有空一起出来吃饭。"我有时候是很霸道的,因为我知道我在某些方面很脆弱,比如情感。霸道和脆弱,两个极端心理总是不分彼此地连在一起,霸道的人都是脆弱的,而人之所以会霸道恰恰是因为他不敢直面自己的脆弱。

黎没有拒绝我。我甚至借着酒劲提了个更过分的要求,让她把警服穿来。她问为什么,我说我想看她穿警服的样子。黎是一个非常优秀的人民警察,在认识我之前就已经成为全省司法系统里最年轻的中层干部。我是在和她交往一段时间后才知道这点的,因此我欣赏她这点:绝不轻易表露自己的优秀。因为工作上的原因,有一次碰到黎单位的政治处主任,那位主任悄悄对我说:"你真厉害,把我们所里最优秀的女孩都找去了。你大概知道了吧,我们所里惟一的省劳模,就是古黎。"那时候我已经和黎正式交往三四个月了,时间虽不长,但我们的进展非常快,已经到了无话不谈的地步。不过就"省劳模"这点，我还是刚刚得知。在我们谈恋爱到结婚后的这五六年里，黎的荣誉拿了一个又一个，不过黎似乎天生就是把荣誉看得很淡的人。其实我也是不把荣誉太当回事的，但这里有个很大的原因是我几乎没得过什么荣誉，所以有时候我想：如果有一天我也得了什么了不起的荣誉，我的心境可能不会比黎平静。

晚饭时间，我来到我们约好的酒店里占了个座，然后翘首以待警察妹妹的到来。此时我的心情是喜悦且兴奋的，这峰回路转的情缘让我感觉眼前一片光明。那一年从头到尾我都在期盼着姻缘的到来，在年末的最后关头终究让我看见了希望。记得在那一刻我又想起了那个冥冥中一直保佑我的那个神，尽管其实我一直都不信这些。黎来了，真的穿着一身黑色的警服，英姿飒爽。不过我看出来了，在她的微笑中有一丝羞怯和不自在。后来才知道，警察是不能穿着警服在不执行公务的时候出入公共场合的，黎为了我违规了一次。

那天我们点了很多菜，虽然点每个菜的时候我都会征求黎的意见，但因为得到的回答都是肯定的，所以可以说菜都是我点的。我这人在很多方面没品味，不过对于吃倒挺讲究。黎正好和我相反，虽然她像别的女孩一样喜欢吃些零食，但在追求味道方面显然没我那么敏感。所以我们出去吃饭，基本都是我拿主意，甚至就是直接我说了算。我的胃口是很好的，但是那天我却吃不下，原因是中午实在吃多了。菜也确实点多了些，当时的黎看着挺胖，其实胃口很小，不知道她是怎么长的。看着那么多菜吃不了，我有些自责。我有个毛病，不知道什么时候养成的，就是和亲近的人在一起的时候，如果有什么不妥的地方我都喜欢责怪别人。这一点我的哥哥感受最多，他经常要提防我的无端指责甚至人身攻击，不过我想他早就习惯了。其实这种嫁祸于人的心理对我来说就是一种玩笑，是对我身边亲近的人的一种特殊的"照顾"，所以我一直没觉得这有什么不好，只是这种玩笑有时候掌握不好分寸容易弄假成真。如果和黎真的能走到一起，那我必须和她开一下这样的玩笑，经常这样玩的我很清楚，有时候这种玩笑真的能试出一个人的本色来。

"你怎么回事，都不吃，看这么多菜剩着。"我笑着对黎说。我笑是告诉黎我在开玩笑，要知道我和哥哥开这种玩笑时几乎是不笑的，那种冷酷，真的就像面对仇人一样。

"今天胃口不大好。"黎如实回答。

"那我点这么多菜你咋不拦着我点？"我尽量笑得自然，又要笑得让黎看得出我是在开玩笑。

"我以为你要吃这么多呢。"黎有些无辜。

"呵呵，本来我是可以吃的，可是今天中午吃太饱了，现在还没消化掉。"看着她的无辜，我猜想黎不是一个喜欢开玩笑的人，于是暂时收起了这个玩笑。

头一次吃饭就拿剩菜说事，我想不会有很多人做得出来，但这对我来说只是展现我"怪异"本色的一次小小试探。其实我并非不懂得如何取悦他人，但我更明白两个人要走得很近不可能靠互相取悦过活。那种距离的人，该面对的躲也躲不了，如果不能适应彼此间的个性是不能靠近的，即使靠近了也迟早要分开。我很高兴看到黎没有被这样的怪异吓住。抛开这个不好笑的玩笑，我觉得这个晚餐是成功的，因为我本以为今天是圣诞节，但在黎的纠正下知道了原来今天不是圣诞节而是平安夜，两者的区别就如我们的春节和除夕一般。多么美好的平安夜！谁说洋人的节日就不是节日呢？

03 相知

平安夜那天,黎还约了我在这个月31日,也就是2003年阳历的最后一天请我吃饭。我很高兴,这种很自然的你来我往正是我喜欢的局面。很快的,满大街的人都能看见我和黎牵着手亲亲热热、兴致盎然地散步的场面,尤其是我喜欢一等到从家里走出来的黎就挽住她的肩膀相拥而走的样子,总是能引来周边诸多老大妈的侧目和窃笑。我旁若无人的自我,加上黎和我在一起时毫不设防的心态,我们俨然成了一对世上最亲密的恋人。很快的,我们在一起度过了2004年的春节、情人节、妇女节(也是我的生日)、清明节,向来忽视节日的我,因为和黎在一起,也深受节日的感染。那时候的我们,感情和激情都直上云霄。但世上没有天生的完美,所有可以称之为完美的东西无不是经过人们不懈地雕琢而成的。感情也是这样。尽管我和黎度过了一段很甜蜜的时光,但苦涩终究不能完全被甜蜜所覆盖,在激情退去的那一刻,该来的都会来。

我有一种固执,我希望和我爱的人一定要毫无保留。就在我认为我们

与儿子一起努力

的感情已经到了不可撼动的地步时，我大胆地告诉了黎几件可能影响她对我看法的事情，包括我在感情上的经历，以及背在我身上让我常感愧疚的"污点"，那也曾是我最后的保留。记得之前，有一次我们俩在茶室一起喝茶的时候，我告诉黎我是一个乙肝携带者，还告诉她我曾经在大学毕业前夕因为这个原因失去了一个工作机会。这个事情原本只有我家里人才知道，而且在和黎谈恋爱的时候我的父母几次提醒我不要对黎提起。但我为了我的固执，硬是把这件事挑明了。其实纯粹的乙肝携带者应该不能称之为病，在中国这类人数以亿计，像我这样稀里糊涂就加入了这个群体的人真是数不胜数，但是仍有相当多的人不理解甚至歧视他们。就拿自己来说，当时被查出是乙肝携带者的时候几乎都晕菜了，慌乱紧张了好几天，不过由于一直以来对自身体魄的自信加上后来对这方面的了解，很快恢复了往日的生气，没有将此当回事。工作以后几次单位要献血，虽然每次都在献血的第一道程序中就被"清理"出去，但只要单位点名让我去我就都去了，原因是我不想因为自己的解释让大家都知道我是乙肝携带者。毕竟，在当时乃至现在的认知环境中，要向周围人告知你的乙肝携带者身份是需要勇气的，特别是在你能够选择不说的情况下。那天我对黎说这件事之前就鼓足了勇气。幸运的是，黎居然也有过被查出乙肝携带的历史，但是很快在第二年的体检中又"平反"了，黎始终不知道是当时误检还是自然恢复，不过这个经历帮助她理解并包容了我。那天我们从茶室出来后，我长吁一口气："真是同病相怜哪。"黎笑了笑说："只要不抽烟，少喝酒，别累着，应该没事。"

但这次我想要告诉黎的事情却远比乙肝携带者要复杂得多，几乎件件是恋爱中的人难以启齿的。当然我可以选择不说，但我做不到，我的固执再一次要求我：必须说，而且要趁早。可是黎会怎么想？老实说我没有研究过这个问题，我当时只是一厢情愿地觉得黎会理解我的。人怎么会没有经历？经历中怎么会没有过错？在真爱面前快快收起那付无辜纯洁的表情,坦然面对吧,好也罢,坏也罢,那都是过去的事了。

在一次激情之后的夜里,我告诉了黎我的两段恋爱经历。一段是暗恋,那是一段从高中开始就一直埋藏在我心中的情感纠葛,伴随着我的心理成长从稚嫩渐渐走向成熟,长达十余年。虽然不识乐谱,但我是个喜欢唱歌的人,那段时间,我唱的很多歌似乎都是为了她而唱,什么《恋曲1990》、《鬼迷心窍》、《爱的代价》、《光阴的故事》、《告别年代》、《爱人同志》,很多很多,也就是这时候,我喜欢上罗大佑,喜欢上李宗盛。虽然现在这段恋情已成为记忆,但这些歌却依然在我心中回荡。暗恋的味道是涩涩的,但回味起来却是美好的,那种纯粹的精神依恋也许就是传说中的柏拉图之恋。大学的时候,我曾试着给她写过几封信,因为留下了草稿,后来这些信黎也看过了,说我写得挺真诚的。现在这些信不知道放哪里去了,在或不在也不清楚了,不过这已经不重要。另一段恋情则是短暂的,如电光火石。我和那个女孩在一个偶然的机会相遇并迅速产生火花,我们做了男女之间能做的任何事。恋情虽然只持续了一个月,但对我来说,这是一次真正的恋爱,是我的初恋。也许我们并没有在合适的时间段相遇,也许现实确实存在当时看来不可逾越的鸿沟,我们很快分手,分手后也没了联系。每每回忆这段恋情总是会让我想起一首由罗大佑作词,潘越云演绎的歌,其中一段歌词正好拿来总结我的这段初恋:"我曾经幻想我俩的相遇是段不朽的传奇,没想到这竟是我俩生命中的短暂的插曲。"

两段恋情于我是珍贵的,但这丝毫无损于我对黎的爱情。如果没有过往的这些经历,我就不可能懂得爱情,更不可能去珍惜爱情。人往往会看不起乃至嘲笑自己的过去,认为那些无知的、幼稚的,甚至是让人不齿的事情不应该发生在自己身上,但其实他们都知道,谁不曾无知过,谁不曾幼稚过,谁不曾想过或者干过一些龌龊的事情,而且谁又能理直气壮地说现在的你不会成为将来的你嘲讽的对象?所以要尊重过去,只有尊重过去才能正视未来。

黎一直在聆听我的爱情故事,有些触动却没有说话,只是一边静静地听,一边静静地看着我的眼睛,我猜想她是在审视我是不是足够的虔诚。虽然我的恋爱经历在这个年代已经显得苍白,虽然身负污点的我仍认为自己是个相当纯净的人,但我知道我现在面对的是一个比我纯粹、比我干净一百倍的女人,尽管她很聪慧,但此前没有此类经历的黎能够真的理解和包容我的过去吗?刚认识黎的时候,因为黎的大方,也许更因为我对女人的不懂,我竟然误以为她是一个有着相当丰富恋爱经验的女人。随着后来的接触,我才慢慢认识到这个女人在男女经验上无知得可爱。她不懂男人比我不懂女人更甚。尽管我早就没有了处女情节,但当我知道黎是这样一个纯洁的女孩时我的喜悦之情溢于言表。在我和黎恋爱时的激情岁月里,不管我们有多缠绵,但始终保留了最后的底线。黎说那道底线只能在我们结婚后才可以破。我尊重黎,我答应了黎并信守了承诺。关于这一点,我们一直引以为豪,因为在这个开放的年代,我们超越了最原始的欲望,为了一个简单的理想而坚持了下来。不过,珍贵的不是这个理想本身,珍贵的是这份坚持。

在告诉黎这些之前我曾设想一种可能,就是黎会捂着耳朵说:"我不要听这些。"但是黎没有,她显然不是那种类型的女孩。在听完我的两段恋情后,黎竟然意犹未尽地问:"还有吗?"我本来没有打算在那天就把自己的伤疤揭下来面对她,因为那时的我连自己都没有足够的勇气去坦然面对。看着黎,我犹豫了。我做过无耻的事,但我不是无耻的人,让我如何忍心对着我爱的人,对着如此纯洁的人去述说这无耻的事呢?

"你真的想知道?"我做了一次无谓的试探。

"想!"

"那你得答应我听了后不生气。"我像一个犯了错的孩子一样,一头钻进黎的怀里,渴望得到她的原谅。

"你说吧。"

"真的不许生气啊。"我有些顽皮,有些霸道,但我觉得这样做也许可以让黎的承受力变得强一些。记得从很小的时候开始,我就有强烈的意愿把做错的事主动袒露给父母,但在具体交代之前,我总要像这样做足了铺垫,经验告诉我这样做能收到很好的效果。

黎有些警惕地看着我,没有说话,不过点了点头。

看着黎的坚决,我说出了发生在我身上的两次不道德的性行为,也就是在认识她后一直觉得愧对于黎的"污点"经历。一次是性压抑太甚,和一个有夫之妇产生了关系,不过幸好仅仅是肉体上的关系。这种关系发生了两次后,我主动划清了界限,很快没有了瓜葛。还有一次发生在我刚参加工作不久的时候,我认识了建筑工地上的一些"朋友",在他们的怂恿下,我经常和他们去一些声色场所。那时候的我叛逆的以为,没有性经历是可耻的,所以我虽然很清楚那帮"朋友"的酒肉本性,也就半推半就地上了贼船。终于有一次,我毫不吝惜地倒贴了我身体上的最后一点纯洁。不幸中有万幸,每次犯错后我都及时止住了,没有一错再错。人生的轨迹是否良好,不仅在于是否选择了正确的路,更在于在错误的路上是否能够及时回头去重新选择。

在叙述的时候,我本想说了前一个留下另一个不说的,但在黎继续追问下我还是全盘抖搂了出来。我总觉得后一个污点太过残忍,尽管犯那错误的时候我还年少,但真的很难容忍,至今想起仍耿耿于怀。其实两个污点对黎来说都是残忍的,但在黎的勇敢和我的固执双重推动下,我们最终

| 与儿子一起努力

完成了对这些一直抑郁在我心中的残忍经历的回顾。对于我而言,这次坦白让我在黎面前彻底甩掉了包袱,从内心深处获得了解放。

但是黎会怎么看我呢?那天晚上她真的没有生气,不过我送她回家的时候她几乎一言不发,尽管我一直絮絮叨叨地想引她说点什么。我们分开的时候,她和我没有以前那么亲密,我要抱她,她轻轻地把我推开,让我早点回家。事后我知道,那天晚上她哭了,她说当时就像从天堂跌入地狱一样。我很庆幸黎没有真的把我们的感情抛入地狱,她最终原谅了我,她说:"你的那些事情里面没有我。"我懂她的意思。

04 考试

2004 年,我和黎顺利地走过了恋爱期,从甜蜜到温馨;2005 年头上,我们步入婚姻殿堂,也就是这年的 8 月份,黎如我们所愿地怀上了孩子。转眼间,时光的车轮就驶入了 2006 年。

这一年的 4 月 15 日,我正在杭州参加一个注册类执业资格的考试。我的工作性质本来是不需这类执业资格的,但现在社会上存在一种现象,就是很多人通过"挂靠"的形式将自己的执业资格证书租借给企业,为企业提供资质年检或者资质升级之类使用,自己则获得一定的报酬。这种现象本是明令禁止的,但因为缺乏实质性的监管依然蔚然成风。那几年,我也闲得慌,索性加入了这类考试大军的行列,既可以获得一笔额外的收入,还能借此强化自己的专业知识,何乐不为?此前我已经考出了一个资格证书,不过这次考的东西据说更有"价值",于是认真准备了两个月。考试对我是不难的,在大学的时候我有一项鲜有人媲美的本领,就是可以整学期的逃课,然后在最后几天靠自习通过考试。也许很多人也逃课,也许很多人也能通过考试，但要是又逃课又能通过考试还决不带作弊的，那就没几人了。我的大学生活基本就是三部曲：睡觉、打牌、打篮球。有人了赶紧凑起来打牌，打了三年升级，第四年疯狂地搞起了山东"省萃"——够级；打牌打到熄灯了就睡觉，常常是一觉睡到其他人都去上课了还赖在床上不肯起来，直到检查卫生的人提着大串的钥匙在楼道晃荡晃荡得就快接近自己的宿舍时才匆匆爬起来整整后坐到桌边上假模假样地翻翻书。睡觉睡多了，玩牌玩疲了，就跑到球场去打一通篮球提提神，这样可以让接下来的打牌更爽，睡起来也更香。

　　大概从高中后半程开始我就基本靠自学来通过考试，也不知道为什么，就是觉得听不进课，一听就走神。到了大学更加了，别说自习，就是正常上课我都厌烦。每天到了饭点一大堆人挤着从教室出来再挤进食堂让我看着都累了，所以每次我都是掐准了食堂开门的点就去吃饭，那场面，空荡荡的，吃饭的还没有打饭打菜的食堂师傅人多，你可以绕着食堂转两三圈直到你确定了自己想吃什么后再点。奇怪其他人为什么那么爱听课，如果在大教室上课，还有很多人喜欢弄本书作为标志占领前排座位，常常是一个人就拿着一摞书占领了一串座位。可是真的到了考试，这些人又统统都挤到了最后面，剩下了最前排的座位留给像我这样对考试很自信的人。所以那时候想想这些人也好笑，平时那么爱占座位那么爱听课，怎么到了考试的时候就缩头缩脑了啊？当然那些平时用功、考试自信、成绩优秀的学生也相当多，我想我如果平时能用功一点也能成为他们中的一个，但是我一直没有用功起来的动力。不过我不后悔大学时候没有把功夫用到课本上，因为我得到了很多从课本上得不到的东西，比如自学能力，比如自信心，还有各种各样不拘一格的尝试带给我的经验。其实我的大学生活除了逃课以外其他方面还是自律的，偷鸡摸狗吊儿郎当打架闹事这些都和我无关。所以一个人在自由的空间怎么样控制自己不走邪路也是我在大学里的一个成就，是那些规规矩矩的学生们要脱离了学校走向社会后才会体验到的。

　　由于有了前一次资格考试的经验，我对这次考试有充分的信心。事实证明，在持续两天的考试中，第一天的考试，也就是4月15日这天，考得很轻松。现在考试的人真多，多到了考点（通常在大学里）周边的旅馆都挤不下了。我是前一天下午到的杭州，几乎兜遍了学校边上的旅馆，还是没有成功。无奈，我想起了一个高中同学——"萝卜"，也是我为数不多的几个不需要设防就能相处的朋友中的一个。叫他"萝卜"，别以为他花心，其实是因为他姓胡的缘故。小时候他是被一口一个"胡萝卜"叫大的，长大后就精简成"萝卜"。说来有趣，我小时候的外号是"小白兔"，不过现在除了几个老大妈还会偶尔叫下外早就没人这么叫了。那时候，我家有两个"小白兔"，一个是我哥，一个就是我，因为我们长得都很白。而我的外号应该是沿袭了我哥，因为是他先打响了"小白兔"这个品牌。其实现在想想"小白兔"这个称呼挺好的，可是当时就很厌恶别人这么叫，可见孩子终究有他们自己一套独特的见解和习性，不能以成人论之。不过我和萝卜能成为朋友并不是小白兔和胡萝卜的关系，而是由于我们性情相仿。记得初中三年级的时候，萝卜本来在我隔壁班，后来不知道为什么分班，把成绩好些的和差些的分开，我作为好的一类分到了萝卜原来所在的班级，我们成了同桌。那段时间，我们经常在课间甚至上课的时候练手劲，两个人手和手握在一起互掐，看谁先喊疼，右手掐了掐左手，左手掐了掐右手，互有胜负，乐此不疲。我们在这方面的手劲本来都不错，后来这么一练后在班里没有人可以和我们较量了。萝卜其实也挺白的，所以那时候我们还会比比谁白，不过这个显然没有掐手那么好玩。高中的时候我们都在云和县里惟一一所高中的重点班读书，都是一群一心想上大学的人。那时候我们已没有像初三同班的时候那么"如胶似漆"，没什么原因，因为都觉得长大了，不屑于再去玩掐手这种游戏了。而且我当时正处在心理叛逆的巅峰时期，太多的东西需要去否定，而要完成这个艰巨的任务只能靠自己。想靠老师靠父母，他们说你别钻牛角尖，会劝你把心思放在课本上；想靠同学朋友，他们也有太多自己要想的东西，根本没空理会你，也不可能领会你，且不论常常自己都不知道自己在想什么以及想表达什么；当时我想惟一能靠的可能是我哥哥，不过那时候他正在外面读书。过分的叛逆让我显得有些与众不同，常常若有所思，常常独来独往，还总是不把别人特别是老师的见解当回事。我猜想大多数人都叛逆过，都尝试过钻各种各样的牛角尖，不过大概没几个人能从一个又一个数不清而又环环相扣的牛角尖里钻出来，大多数人最终都退缩了而归于正常。我觉得我很幸运，因为我钻出来了，而且几乎没受过伤，除了偶尔因为看不惯或想不通一些刺激到自己的事情而恼怒地用拳头砸墙带来一点皮肉伤外，不过这种行为屈指可数，大多数时候我是乐观自信的。

　　大学毕业后，我和萝卜也能偶尔见见面，我发现他没什么变化，还是很好说话很值得信赖的一个人，所以又成了可以交心的朋友。4月14日这天我因为找不到栖身之地就打电话给萝卜，不巧萝卜正好出差在上海，不过他还是安排我住到他住的地方去，而和他同住的女朋友则到她的朋友那里暂居。萝卜的女朋友漂亮可爱，难得的是还很贤淑。那天下午我找到他们住的地方，她很热情地帮我安排好了一切后就去她朋友那里了。杭州寸土寸金买房很难，不过萝卜很幸运地买到了一套经济适用房，只是要等两年才能交房。听说排队买经济适用房的很多，大家要通过摇号的方式才能买到，萝卜去碰了个运气，没想到真撞上了。现在这个小窝是租来的，这小两口显然很会打算，把其中的一个房间转租给了别人，这样原本就不大的小窝就更小了，但是租金就省下来不少。在大城市里生活不是那么容易的，住和行都很麻烦，对于大多数人来说，在大城市里居住，没有一点节省的本事是过不好甚至是没办法过日子的，所以大城市里的人在我们乡下人眼里看来有点抠那就很正常了。我喜欢把自己称为乡下人，也许有一种故意贬低自己去嘲讽他人的意思。我想真正的乡下应该是农村，但我除了小时候过年去奶奶家外几乎没接触过农村，从小一直是在城镇里长大的。虽然我不太喜欢农村的落后，但是我也没有对大城市向往过，读大学的时候是这样，现在更是这样。我觉得城镇最适合居住，尤其像我现在居住的地方——武康，不仅经济条件好，环境好，还紧挨杭州，去上海也很方便，这样的地方，只要你想玩，你去杭州、上海这些周边大城市玩的次数说不定比那些本地人还要多，何必非得挤在大城市里凑那份烦心的热闹。当然，人各有志，我只是站在生活的角度这样说，对于那些希望有大前途有大发展的人来说待在小地方就惟恐被埋没了。

待在萝卜的小窝里，我抓紧时间看看书，考前几小时看书对我是最有效的。可以说，考前看不看书几乎决定了我是不是能够通过考试，因为考前的强化记忆大概可以让我扫清在考试中 30% 左右模糊不清的题目，这对于我这样往往是刚好压在及格线上的人来说是至关重要的。记得大二考英语四级的时候，碰巧因为那晚上没人打牌，我索性躺在床上看了两小时复习材料，结果考试成绩以 60.5 分涉险过关。当然其中考试策略也是很重要的，比方说那次英语考试，我重点做了自己擅长且分值较大的阅读题，然后再倒过去推敲模糊不清的选择题，至于一窍不通的听力题我就连收音机都没带直接用随机的方式填写了答案，考试的时候想着那些明知道听不懂还勉强自己去听又浪费时间的"傻帽"们心里就在暗暗地乐。这样成功的例子在我身上一遍遍重演，在大学里惟独两次考试没通过，一门是《建筑材料》，一门是《材料力学》，就是败在了自己考前不够重视没有充分复习上。

第二天，我早早起来乘了一段公交车去考点，到考场边再去抱抱佛脚。这天上午下午各考一门，都很轻松。下午考完后直接回到了萝卜窝里。萝卜已经从上海回来了，小两口安排我在附近的"一品锅"里吃了晚饭。我不向往大城市，但是我却向往大城市里的美食，那里遍地都有诱人的特色餐饮让我羡慕。想起和老婆谈恋爱的日子，我们常常在散步过程中去寻找美食，在武康当时有两家店是我们经常去的，一家叫"千尊比萨"，一家叫"天煌鱼头"。我没什么忌口的东西，但口味偏荤，几乎到了无肉不欢的程度。我挺喜欢西餐的，可好吃的西餐在我们那里并不多，"千尊比萨"算一家，其味道我觉得并不比杭州的"必胜客"差多少，不过价格便宜得多。但我们当时更爱去的地方是"天煌鱼头"，几乎可以说，我们是看着这家店从冷清走向红火的，不过让我想不明白的是，这家店生意好起来没多久就不做了，换成了另外一家餐饮店。我们现在正吃着的"一品锅"是用猪的肱骨为底料的火锅，再辅以千张等各种生食，有荤有素，现煮现吃，味道不错。女孩子大概崇尚美容的缘故，特别爱吃那个肱骨里的骨髓，因为餐馆提供手套和吸管，所以吃起来很方便。大约吃了一个来小时，我们回到小窝继续闲聊，这时候一个电话响起，我一看手机，是丈母娘打来的，我顿时心生预感，是福是祸，不得而知。

05 见红

出门考试的前一天,老婆"见红"了。怀孕的时候经常看《父母必读》的老婆大概判断出了什么,有点担心。因为那时候离孩子的预产期还有 23 天,这么早出现这种状况确实让人不安。不过这都是现在的想法了,那时候我还没把这个当回事。此前,我和老婆对怀孕这方面的事情都懵懵懂懂。刚结婚的时候,也就是 2005 年头上,老婆意外怀孕了。我们真不打算要那孩子,毕竟没有任何计划和控制措施,担心不是优生宝宝。计划生育站的阿姨在了解到是头胎后极力劝说我们把孩子生下来,但我主意已定。我拿定的主意通常是不会变的,用那种似是而非、可信可不信的或者别人都怎么样怎么样之类的话来劝说我几乎是不起作用的。不过生育以及放弃生育都不是两个人的事,那是两个家族的事,尤其是双方父母的想法不得不尊重。一天,我召集了双方父母开了个碰头会,我直截了当地告诉他们黎怀孕了。我的爸妈听了后面露喜色,还以为我发布的是一个好消息。也是,他们盼我们哥俩添个孙子或者孙女已经好久了,他们尤其担心的是长我三岁的哥,当时连女友的影子都还没边没际的,而我哥居然一点都不急的样子更让他们担心,爸爸甚至常为此与哥哥斗气。那天,当我明确地告诉他们我和古黎不打算要这个孩子时,我爸妈露出惊愕的表情。好在古黎事前和她的父母有所提及,而且他们二位倒已经站在我们这边了。面对心理落差甚大的父母,我摆出两个耸人听闻的论据:一是因为意外怀孕,此前没准备不说,结婚和春节期间喝了很多酒,没准生出一个小白痴来;二是大凡头胎都不太好,至少没二胎聪明。讲到第二点我是有"依据"的:我小时候同年龄段的人基本都是有兄弟姐妹的,两个的最多,我发现我们中总是小的更聪明。大概是第一个理由太有威慑力,我的父母最终同意了,古黎的父母甚至一开始就没有反对,这样打胎就成了顺理成章的事了。

2005年3月10日,我和丈母娘陪着古黎去打胎,我紧张得好像自己打胎一样。听医生说打胎是有一定危险的,比如有可能造成将来无法怀孕,但是什么样的选择不需要冒点风险呢?虽然我坚持自己的选择,但是承受压力和痛苦的却是古黎。好在古黎天生也是个福星,那些潜在的危险总是悄悄地避之远行。打胎很顺利,古黎回家后休息了几天。那天她恢复得差不多的时候,我正陪着她看电视,她对我说:"跟着你就是受折磨。"我一听笑嘻嘻地说:"这次是我错了,下次再不敢了。"古黎一听瞪大了双眼狠狠地说:"还下次,你要保证没有下次。"我当然保证了下来,类似的事情也确实没再发生过。其实没有这次意外怀孕,我还一直稀里糊涂地把最危险地日子当成了最安全的日子。不过想想也不是谁的错,真要说有错,那我就厚颜无耻地说是纯洁惹的祸。

而这次怀孕就完全是计划内的事,戒酒、锻炼身体以及挑选合适的日子,我本不抽烟,所以就没有戒烟一说。2005年8月底,我们如愿地怀上了小宝宝,就是现在已经四岁的小调皮蛋奕奕(注:截止到2009年)。老婆怀孕的过程在我眼里是顺利的,除了头三个月恶心呕吐得厉害外,后面就没什么让人操心的事了。可是我似乎没资格这么评价，因为当时我的心思很少放在她们母子身上。其实怀孕的时候老婆是孤独的，真正陪着她的只有肚子里的孩子。我当时即使待在她们娘俩身边，脑子里也仍然只是"英雄无敌"，老婆后来越来越看清楚了这一点，也就对我是不是陪在她身边越来越无所谓了。"英雄无敌"是一款老得掉灰的游戏，自2001年从我哥那里传承过来后，很热衷地玩了三四年的单机，正好在老婆刚开始怀孕时我从网上一个叫"游戏人的家"的论坛上发现了这款游戏网上对战的乐趣，于是开始近乎疯狂地痴迷了进去，一痴就又是四五年。期间无数次反省，无数次企图挣扎和放弃，但都一再沦陷。我本是个守信的人，但在"英雄无敌"这个问题上，我一而再、再而三地违背老婆，违背自己，将自己在老婆心中的信任度一降再降。我曾经把"英雄无敌"比作鸦片，但后来我明白这又是我性格上的一个缺陷，是放任自我、为所欲为的集中体现。不过我一直没有把玩游戏看作是玩物丧志，因为我认为正是由于一直找不到志向才会这样去玩物。现在让我客观评价一下那段痴迷于游戏的经历还是很难，尽管游戏让我失去了很多宝贵的光阴，失去了很多呵护老婆、照顾孩子的机会，但游戏也毕竟带给我很多期待和快乐，也带给我一些现实中交不到的朋友，更重要的是，我在游戏中以及在抗争游戏的过程中更深刻更全面地认识了自己，甚至对整个人性都有了一定的领悟。老婆曾这样评价我：在你身上就没什么坏事情，什么样的事情摊到你身上你最终都会觉得是好事。确实，我总觉得：只要一口气在，什么样的事情都能变成好事情，只要你能往好的方面去想。当然这只是一种人生态度。其实很多事情的发展变化是超出自己的意志的，这种事情，好与不好就要讲福分了。不过，怎么样让好的事情不要变坏，而坏的事情尽可能不让它变得更坏甚至把它变好，这就很大程度上取决于每个人的认知能力和人生态度了。

老婆"见红"的这天，也就是2006年的4月14日上午，我陪着她去妇幼保健院咨询。接待我们的是一个年轻的女医生，她一听这情况后几乎想都不想就说了句："保胎，住院观察。"这话说得轻松，但老婆听了差点没急得哭出来。不过直觉告诉我问题没有那么严重，结合老婆此前的身体状况以及体检结果，我更不相信这个医生说的话。我素来不迷信医生，就如同我不迷信老师一样，这两个听起来神圣的职业在我看来就是一个传说，他们也是凡人，他们也是欲望之身，为何要把他们同神圣挂上钩？看着黎被泪水充盈的眼睛，我又是觉得心疼，又是觉得可爱。这个女人自从嫁给我后，发现竟被游戏"夺爱"，对我的信任度评分越打越低，从刚认识的100分到结婚后的80分，最低的时候甚至到了60分这个及格线了，这似乎意味着再低下去的话我们的关系就要亮红灯了。随之而来的是黎开始渐渐不依赖我，越来越少地在我面前显示她柔弱的一面，有时候甚至在我面前示强，要刻意彰显她的精神独立。今天，她为了我们的孩子终于软弱了一回，此时，除了我还有谁能给她依靠呢？我搂住黎的肩膀，轻轻说："别听她胡扯，没事的。我们再去找个医生问问看。"没想到黎一听我说话，原本含在眼眶里的眼泪马上扑哧扑哧地滚落下来，我一见赶紧到处找餐巾纸，不过黎很快已经从包里拿了纸擦拭干净了。

第二个医生是个中年女医生，她的说法让我们稍感安慰："没事的，就快生了，去安排下住院手续吧。"说是"见红"后两天之内就要生的，不过对于这个说法我还是将信将疑，而且不信的成分更大些，总觉得这些医生不是开贵的药方就是想法让人住院，总之就是希望看病的人花钱越多越好。不过这种想法虽有一定的事实根据，但确实太偏激了，很多时候往往会冤枉好人。其实每个行业的从业人员素质都有高低之分，只不过医生这种行业太受关注，太敏感，容易让人产生极端心理。事实证明了第二个医生的说法是正确的，但当时我却没有对此引起足够的重视，不光是我，就连黎和我的丈母娘也都持怀疑态度。其实当时我身边没有一个大人对此有确凿的想法，比如我的父母听了后也是一脸茫然："怎么会呢，还有二十多天呢。"事后我就故意"责问"他们："我稀里糊涂就算了，你们都是生过孩子的人，也那么稀里糊涂啊？"其实生孩子人人都会，可是专业的又有几个呢，大多数人生了就生了，哪有那么多经验积累下来的，除非真的是碰上过麻烦了倒或许能一直记在心上。像我们这次遇到的情况，就让我多了一条深刻的经验。

不信归不信，但毕竟事关重大，宁可信其有不可信其无。丈母娘征询我的意见，我委婉地说："还是先开个住院手续吧，万一要生也好有个准备。"丈母娘听了自然是心里欢喜，到底就这一个女儿，自然心疼。住院手续是开了，不过黎在我丈母娘的安排下当晚并没有住进去，还是回到娘家去住了，反正家里到医院步行就十分钟，而且照顾起来也方便得多。当天下午，我乘车去了杭州。我们这里离杭州近，我的一个同事也常参加这类考试，不过他从不在杭州过夜，都是当天去当天回，可是我不喜欢这样，我总是提前一天去杭州，然后找个旅馆住下，等到考试结束了再回来。这天因为旅馆爆棚，幸好得萝卜救济，于是在萝卜的小窝里待了一晚。从离开家里到第二天考试结束，期间我和老婆联系过几次，得到的消息都是"一切稳定"，所以我一直很安心。不过，在吃好晚饭和萝卜聊天的过程中突然接到丈母娘的电话还是让我一阵紧张。因为丈母娘平时不会给我打电话，这时候打电话肯定有事。记得那天萝卜的小窝里有些热闹，大概电脑里放着音乐什么的，所以我急忙跑出门外接起电话。

"周欣，丽丽生了！"电话那头丈母娘喜悦而急促的声音"嗖"地传进我的耳朵。"黎黎"总是被叫成"丽丽"，老婆对此始终不满，常常抗议，不过似乎从来没有收到效果。我有时候也喜欢叫"丽丽"，不为别的，就觉得好玩。

"啊？"此时的我除了意外还没来得及产生其他感觉。

与儿子一起努力

"是儿子!周欣,你当爸爸了!"还没等我反应过来,丈母娘用她习惯的快语速向我简短地告知。

"古黎还好吗?"也许我在当爸爸方面还没做好充分的准备,所以这时候还没习惯把儿子放在我所关心的对象里,后来想想这句话应该这样问比较好:"她们娘俩还好吗?"不过那时候脑子一片空白,能说出句完整的话来已经不错了。

"古黎好的,现在还躺在产房里,要躺半个小时。你儿子是 7 点准时出来的,五斤八两,都很好,你放心吧,放心考试吧。"后来据说此前老婆一直瞒着我快要分娩的状况,就是因为丈母娘希望不要影响到我考试。可是对于这个理由我有一百个不认同,考试对我来说算什么呢?可是生孩子,我这辈子可就碰到这一次!不过尽管如此,我却不会去强调这个观点。我懂丈母娘是个在各方面都很要强的女人,她总是希望我能展现出自己的能力,虽然她不会明说这点,但我又怎能看不出来?只不过我总是装作不懂她的意思罢了,毕竟我要是懂了却还是如此散漫,那在她眼里也许就更难容忍了。而在我眼里,像她这种抓不住重点地要强是无谓的。这就是观念的不同。解释?沟通?这对我很难,我在与除老婆之外的人交流时,除了立论强硬、嗓门响亮以外几乎没有其他东西了。有首歌叫《相亲相爱》我挺喜欢,一句歌词这样唱"观念不同不必激动",可是在其他人面前不爱强调自己观点的我却常常与家人在观念分歧的时候发生争吵,我的父母,我的哥哥早就适应了这一点,只要我一开嗓门,他们就尽量忍耐,在提出反对意见的时候更是小心翼翼。我很清楚这是我的缺陷,一直想改却一直没改过来。

06 幸福的意外

挂了电话，我脑子里一直在重复着"怎么真的就生了啊"和"我该怎么办"这两个问题，其实这恰好地反映出了我当时"懵"的状态。回到萝卜的小窝，我兴奋地把当爸爸的消息告诉了萝卜，同时，又语无伦次地解释着此前为什么老婆都快生孩子了我却还有心思在这里考试的问题，可见当时我的思维还没有从"怎么真的就生了啊"这个问题中解脱出来，因为我压根就没有相信那个医生的话。在对着萝卜自说自话的时候，我一个劲地问自己："该怎么办？该怎么办？"萝卜听了很快接了一句："赶紧回去看看啊。"如此简单的一句话立刻让我清醒过来。对！回去，马上打的回去！

也赶巧，正在萝卜陪着我去路口打的的时候，古黎的一个正在杭州相亲的同事英子给我打电话，问我今天回不回去，说如果我要回去的话就搭我的顺风车回去。她知道我这两天在杭州一定是古黎告诉她的，但我很奇怪她会这时候打电话来，也许真的是巧合吧。那就带上她吧。好像是在一

| 与儿子一起努力

  个 KTV 边上,我和出租车司机找到了英子,于是一道往武康赶。车上我问英子怎么这么巧给我打电话,她也没回答出个所以然来,反正就是这么巧,原来她既不知道古黎已经生了孩子,也不知道我今天是不是要回去,打电话纯粹是为了碰个运气。确实,让人疑惑的事情很多,而巧合无疑是其中一种。打的回家的路上,我努力让自己平静,并开始有条理地思索起来。首先,我打了几个电话把这个好消息告诉了朋友们,然后我开始在脑子里猜测老婆此时的样子,想想儿子会是什么样,甚至模拟起来到医院后的场景。夜晚的高速路虽然有灯光,但坐在车里总是让人担心,尤其是今天晚上。我坐着后排位置上,英子坐在前排副驾驶的位置上,我们除了开始围绕那个巧合有过一些交谈外,几乎没怎么说话,一来我确实有太多的事情要想,二来我不希望在这个时候因为交谈而引发我的兴奋和激动,我知道这时候是最需要克制的。事实上我的担心是有必要的。总想争取时间多做生意的的士司机往往不遗余力地开快车,今天这辆车就是这样。果然,在杭宁高速的一个路段,猛的一脚刹车让我和英子都惊了一跳,我没弄明白是怎么回事,只听见那个的士司机在骂骂咧咧着什么,后来那个司机应该和我们解释了急刹车的原因,不过我已经忘记了那一刻究竟发生了什么,只知道一场危险曾悄悄来过。在后来的路上,我为我的警惕感到庆幸,如果当时我处于高度兴奋状态,而这种状态又感染了周围的人,尤其是那个司机,那么那个危险会如何演化就很难说了,乐极生悲也不是没有可能。

  不过我没有被这个插曲影响到,车子开到武康的妇保院门口,我匆匆往产房赶去,英子作为古黎的朋友也要去看看。电话中得知产房在住院部三楼的东头,我赶到住院部,嫌医院的电梯太慢,就直接从楼梯跑了上去,在三楼的楼道口我碰上了我妈和丈母娘。她们一看见我,居然先抛给我一个问题:"先看古黎还是先看儿子。"我顿了一顿,立刻问:"古黎在哪里?"老婆当时还在产房躺着,儿子已经被他外公抱到了为她们娘俩专门开好的一个套房里,在三楼的最西头。我有点紧张地在胸前搓着双手轻轻走向老婆,老婆已经知道我来了,把头扭向我,我看见她红润的脸颊上充满了幸福和喜悦。当时除了我的家人还有几个医生在边上,他们都带着微笑看着我,这让我有些局促,显然我不是一个善于在众人面前表达情感的人。看着花朵一样的老婆,我只是笑着问候了一声:"你还好吗?"老婆朝我点了点头,大概嘴巴里也回应了一句"好的",不过声音太轻,我听不太清楚。老婆是顺产,顺利得再一次让我们感觉到幸福,从进产房到生出孩子前后就用了半个小时,不过下午的时候疼了一阵又一阵,她后来说那时候多希望我在她身边,可是我不在,这成了这次重大事件中惟一的遗憾,也将是我一生的遗憾。

我进去没几分钟,医生就告诉我们可以让黎离开产房了。丈母娘让我抱着黎去儿子已经待着的那个房间,我很乐意地把黎横抱了起来。这时候我妈在边上问我要不要帮忙,我冲她摇摇头说:"不要不要。"其实,刚生完儿子的黎还是很沉的,应该有110多斤,加上那天我的身体有些虚,抱着黎从东头走向西头大约七八十米的路,有一半路是靠咬牙坚持下来的,不过路上我还是分别拒绝了我爸爸和古黎舅舅提出的帮助,我觉得这必须由自己来完成。记得刚抱起黎即将出产房的那一刻,因为刚开始体力还好,我把黎抱得很高,黎突然将脸贴到我的脸上,如果在影视剧里,这时候我应该给个热烈的回应才对,可是那时我却惊慌得将头抬了起来。黎显然还沉浸在幸福中没有在意这些,不过这却让我有些后悔,毕竟老婆自从那一次求我而不得后已经很长久没有主动向我表示亲昵了,可是这个机会稍纵即逝。其实我一直对老婆这个举动感到欣慰和幸福,但是在众人面前我却羞于承受。我知道自己不是一个怯懦的人,性格上甚至有些粗犷而大大咧咧,但是一遇到感情问题,则感情越深,隐藏越深,就生怕让对方知道我是多么在乎他似的。如果你从侧面了解到我是一个对外豁达、幽默,对内却是冷漠、刻薄的人,你是不是会脱口而出"这个人脑子有问题啊?"其实我也常常问自己:"我是不是有病啊?"

儿子安静地躺在小床上,他外公一直陪着。岳父大人和我爸一样是个老实、肯干的人,他们堪称是毛泽东时代工人阶级的典型代表。和我爸比,岳父更迁就、更内向,更不善与人交流,所以有时候我想,丈母娘这么要强是不是因为岳父太不主事的缘故。不过今天,岳父在见证黎生产的过程中不停地高呼"加油!加油!"在看到黎顺利生下外孙的那一刻,竟高兴地手舞足蹈起来。我虽然错过这一幕,但仅仅是从丈母娘那里耳闻这样的情景也足够让我对这个平时毫不张扬的岳父大人刮目相看。如果当时我在场,肯定从头到尾都是沉默的,担心是沉默的,喜悦也是沉默的。

就在将黎放到床上的那一刻,我几乎脱手,前臂已经酸麻不堪。长期痴迷电脑游戏造成的疏于锻炼,以及睡眠不足让我的体能下降很多。消磨时间、销蚀意志和消耗体能成为游戏带给我的三大祸害,但是,这三个显而易见的祸害虽然常常让我在游戏之后产生厌倦之情,但却始终没有让我停止游戏,相反,每一次抵抗后都更加激起我继续游戏的欲望。这就好比一个吸毒的人,明知毒品害人之深,但每次只有在吸完毒后才会后悔,而毒瘾上来时又重蹈覆辙,周而复始,不能自已。当然,毒品是碰不得的,游戏是可以碰但是要掌握一个度,不过这个度对于痴迷游戏的人来说就很难了。但是话又说回来,如果不用功利的眼光去看问题,那么任何痴迷对人在精神方面的影响都是一样的,比如你痴迷发明创造并不会比痴迷游戏更好些,所不同的是前者会有很大的前途,而后者正好相反,但痴迷者的心理状态应该是差不多的,都是欲罢不能、越挫越勇。明白这一点后我经常想,为什么不把这份玩游戏的痴迷劲用到其他方面呢,比如说用到工作上,比如用到创业上,或许早已小有成就。痴迷总是由爱好而起,过度的爱好就成了痴迷,所以痴迷本身就已经抛开度的约束。可是人真的能想痴迷什么就痴迷什么吗?我想,所有人都有过爱好,但很多人都没有痴迷过，这并不是因为这些人的控制力有多强，而是因为他们并没有足够的深入，这里面有时间的原因、有智力的原因，也有周围环境约束的原因。因此有时候我觉得痴迷是一个高度，是那些没有痴迷过的人既鄙视又不能理解的高度。凡事总有两面，比如在痴迷游戏这个事情上，当我想到它好的一面时我会心安理得，当我想到它坏的一面，我会悔恨，会反省，这是矛盾的，但这就是事实。躲避矛盾只能让你受到矛盾的惩罚，反之，勇敢地面对矛盾你就会受到矛盾的牵引而前进，甚至再上台阶。那么我的下一个台阶是什么呢？我想大概就是超越痴迷了。

在我妈和奶奶的指导下，我笨手笨脚地把儿子抱到黎的身边，黎要再看看他。儿子在肚子里的时候，我们一直不知道是男孩还是女孩，且我又没用心取过名字，因为属狗，就干脆叫他"小狗"。我看着躺在黎身边的儿子，故作深情地说："小狗，你咋长得比爸爸还帅呢？"这句话很自然地引来一片欢笑声，到底是自己家人，没人会嫌我长得帅，更没人会嫌小狗长得帅。其实刚生下来的婴儿有的头发多一些，有的干净些，有的分量重些，但是模样都是差不多的，双眼紧闭、皱纹很多。小狗生下来头发多，又干净，但是大概因为早产的缘故，只有五斤八两，稍微偏轻一点。记得我妈和我说过，我生下来时是六斤五两，我哥是六斤，而我们国家标准的初生婴儿体重是六斤至六斤五两之间，可见我们哥俩正好是标准的，而小狗的重量我觉得也不差。不过现在的小孩普遍偏重，而且生下来的时候都要互相比比谁重一些，似乎重一些的感觉就好点。黎因此经常叹气说："小狗啊，你真可怜，早产儿，先天不足。妈以后会给你多补补的。"我每次听了都要笑："别瞎扯，我儿子怎么可能先天不足。"其实我也知道黎是在幸福和满足之余给自己找点遗憾，很多人都喜欢这么做，也许这么做可以让好的东西继续留住，而不好的东西都尽量赶走。

因为明天要考试，那天晚上将近10点钟的时候我回到了家里。已经

与儿子一起努力

完全兴奋起来的我立即打开电脑，将我做爸爸的消息发布在了"游戏人的家"这个论坛上。那时候，浏览这个论坛成了一个习惯，即使在这个忙碌的夜晚，我也没有忘记要去看看。如果有时间的话，我一定会趁着精神头再邀人打上一仗，不过那天实在太晚了，加上第二天还要赶早去杭州参加考试，就只能放弃那个念想。将近 11 点半"收工"睡觉。这个时间睡觉在我热衷游戏的岁月里算早的，通常我要过了 12 点才肯睡，经常要弄到一两点钟，在最疯狂的时候甚至要折腾到凌晨四五点钟。故此，每每"收工"之时，我总是少不了责怪或者嘲笑自己一番："傻帽啊，何必把自己搞得这么累呢？"

第二天，我 5 点多钟就起了床，因为这么早没有去杭州的班车，便打的过去。昨天从杭州回来的时候忘记把考试的复习材料从萝卜家带回来了，所以这天还要去萝卜那里兜一圈。来到考场的时候已经将近 7 点钟。也许是受到了一定的干扰，那次考试总共四张卷子里最后一门"案例"没有通过，不过在当年的 11 月份又去考了一次，顺利通过了。武康到杭州大约四五十公里的出租车费用大概在 200 块上下，杭州过来要稍微贵些，那段时间油价飙涨，就这个费用出租车司机还常常一路抱怨。出门打的，是 2003 年以后养成的一个习惯，那时候我有机会当上了一个局里面新成立公司的负责人，打的的费用是可以报销的。虽然在 2005 年之后因为公司改制我又回到了原单位，但是打的的习惯此后一直保留着。在很多人看来，这个习惯太奢侈，但有趣的是，古黎却和我有着相同的观点，她也认为钱是不重要的，如果用钱能换取便捷、舒适和时间，那完全是值得的。其实我和黎不是奢侈的人，正因为我们平时都不怎么花钱，所以才会在需要的时候不吝惜钱。当然，这除了我们有这样的观念之外，还建立在我们相对宽裕的经济基础之上。

07 初为人父

小狗提早出来，给我们提早带来了欢乐，也给他的奶奶和外婆提早带来了忙碌。在这之后的一个星期里，她们轮流在医院陪护着，我竟然也能请出一个礼拜的"产假"，陪着她们娘俩。一个礼拜后出院，娘俩住到了黎的娘家。因为我们两家父母住得很近，所以古黎的伙食主要由我妈妈烧好后带过来，我记得那段时间黎吃得最多的是鱼汤和鸡汤。月子里的伙食讲究得很，既要营养，又要催奶，还要注意诸多避讳，这个吃了会怎么怎么样，那个吃了又如何如何等等，反正是挺麻烦的一件事。吃还只是其一，麻烦的事项远不止于此，不过这对我们的父辈来说是天经地义的，而且他们不但自己不嫌麻烦，还经常不厌其烦地用他们各自的经验叮嘱我们。但是我们的父辈加上祖辈太多，这样意见就很多，而且常有相悖之处。本来这种口口相传、道听途说、没有科学依据的经验在我的认知系统里是不屑一顾的，但是这个当口太过关键，我再任性也不敢和不愿在诸多长辈面前冒此大不韪，只能姑且听之任之，遇到矛盾之处尽量听取否定一方的意见，比如丈母娘那边说不能喝白开水，那就不喝白开水，而是以一种草药熬起来的水代替；再比如我奶奶说不能洗澡，那也就只能不洗。不过这也苦了古黎，躺在床上，不能吹风，不能洗澡，吃的东西基本是甜的，幸好这样的日子也就一个月，忍忍就过去了。前辈的话确实有很多不讲道理的成分，而且做起来挺麻烦，但至少安全了很多。况且话说回来，人身上本来就有太多不被科学所真正掌握的东西，同样是医生，西医和中医在对待月子上就持着截然不同的观点，所以这时候多听听前辈的话就显得很明智，毕竟只有尊重了大家的意见才能营造一个好的氛围。

当然，尊重大家的意见不代表自己没有意见，不过这种意见通常只能私下交流。一次，我趴在老婆身边看她喝鸡汤，故意说："呀，天天大鱼大肉，吃不腻啊？"老婆马上眉头一皱："孩子我生了，这个月子应该你来坐才公平。整天喝这么多汤，烦死了。"我一听乐了："我正眼馋呢，那么好的鸡肉，又是红枣，又是红糖的。"老婆一听立马把碗塞来让我吃，我笑嘻嘻地说："肉么我帮你吃了算了，汤还是你自己喝吧。哎，我要是能产奶就好了。"老婆本来也是挺任性一个人，不过为了孩子，她选择了顺从，那一个月里，她吃了无数平时绝不会去碰的东西，而我也牺牲了不少，将黎吃剩下的肉啊汤的基本都扫清了。尽管这样，其实我们的幸福是显而易见的。大人们身体都还好，小狗的奶奶和外婆前些年就退休了，这时候正好派上用场，爷爷和外公虽然还在工厂上班，但回家后至少还都能搭把手。轮到我要干的活真的很少，尿布被小狗的奶奶和外婆抢去洗了，只能晚上陪陪夜，偶尔给小狗把把尿仅此而已。小狗在她外婆的训练下，生下来没几天就开始把尿了，以后在拉撒这块上基本没让大人操心过，没几个月大就基本不用尿布啊尿不湿这些东西了，有屎有尿的都会自己叫，尿床、尿裤子的事更是鲜有发生。

其实就是一个中国人最普通的月子，但是因为大家对它的重视，以及现在的女人基本只有这样一次机会，所以这个月子过得就很不一般。当时为了记录我刚做父亲，也为了怀念这个月子，我在博客上写了一篇《初为人父》。现在去看那篇东西，有几段依然值得我回味：

　　……医院的走廊里，两位妈妈，也就是小狗的奶奶和外婆问我："是先看孩子还是先看老婆？"突然面对这么一个问题，我有些不知所措，因为这似乎关系到孰轻孰重的问题。人对一些本能的东西往往有先天的判断力，但是在绝大多数的问题上，还需要后天的思考来获取认识。就像这么一个关乎老婆孩子在自己心中地位的问题，也许很多人不当回事，或者很多人都有一个不假思索的判断，但是我却是认真考虑过的。每个人都有很多至亲的人，如父母、兄弟姐妹、妻子或丈夫、孩子，但是，他们中谁才是最亲的，最需要投入情感的呢？相信很多人不愿意在这个问题上做出选择，但是我做出了。妻子，无疑妻子才是生命中最需要珍惜的人。理由很简单，只有妻子是可以一生相伴，互相依赖的人……

　　……因为在老婆生产的时候我没有在她身边，没有经历过那种等待中的担忧、焦躁、期待等复杂的情感，做了一个"现成爸爸"，所以很多人说我是有福气的。可是我虽然也真切地感受到一种冥冥中的福分，但总觉得少了这份体验又是那么的遗憾。如果说我的福气还有些勉强，那么老婆的福气就是实实在在的了。人们都说做女人难，其中最难的应该就是生孩子了。不说十月怀胎的艰辛，就光说临盆的那一阵，就够刻骨铭心的了。然而，相对于众多生过孩子的女人来说，老婆的生产过程简直就是太顺利了，整个生产的过程大概只持续了两个小时，其中进入产房到听见小狗的啼哭声只用了半个小时，期间没有一点意外，让她自己，包括所有关心着她的人都很快从担心变成了喜悦，这是何等的福气。事后，被福气所包围着的我郑重地思考了下"什么是福气"这个问题，得出这样一个结论：福气就是意料中有利的结果往往都能出现，而意料之外的事情，其结果往往又都是有利的……

与儿子一起努力

……从陆陆续续来看望的亲戚朋友那里,我渐渐了解到了更多的关于月子的事情。很有趣的是,现在人们的观念里,已经出现了一股以年轻人为代表的新生力量在挑战着传统的月子文化。凡是上了年纪的人对坐月子总是执著于老的一套,强调的是"只能怎么怎么做",把可以做的事情限制到最小。而一些胆子稍大的年轻人则开始参照外国人的做法,基本颠覆了传统的理念,强调的是"除了什么什么不能做,都能做",把不能做的事情限制到了最小。有趣的是,医生们都普遍是后者的强有力支持者,甚至是那些老医生。我的姨婆已经年逾古稀,这次也来顺路看看我们,就在我们的其他长辈面前用现身说法的方式直言了这种反传统的观点。不过我的姨婆是西医,而前面提到的医生,似乎也都是清一色的西医,至于中医怎么想,我还不知道。大概是因为辈分大的缘故,而且又是医生,所以没有人敢当面反对姨婆,但是我知道,我们"亲友团"里其他成员没有人真的会采纳甚至仅仅是相信她的观点……

……在我的印象里,父亲只是儿时可以信赖的人,但不是朋友。从我进入叛逆时期起,我就试图开始批判一切,包括父亲。对于做一个好的父亲,我曾经站在儿子的立场上不停地设想过,得出很多不成系统的结论,比如"不要总是告诉应该怎么做,我想知道为什么非得这样做";"做错事不是很正常吗?用得着那样生气吗?"诸如这样的结论,曾经从头脑中爆发过很多很多,现在总结一下,其实就是"为什么不能像对待朋友一样对待我"。成长中的人,固然少了分轻重,少了分稳重,但他们如果有了平等的沟通,有了宽容的理解,他们就有了健康发展的最佳环境,从而帮助他们渡过人生中最关键的时期。而今,轮到自己做起父亲来了,曾经儿时对父亲的要求现在变成了对自己的要求。然而,刚刚成为父亲的我,似乎还没有找到做父亲的感觉……

……绝大多数时候,我很喜欢奕奕,清秀匀称的小脸很招人喜欢,还有那睡着时候高举的小手，像极了我睡觉的姿势，就连伸懒腰的表情和动作，都和我如出一辙。但一到了晚上，一听到奕奕那持续而低沉的咿咿呀呀的声音，我就开始烦躁甚至厌恶起来。这时候，还是老婆更有耐心，总是能够充分体谅孩子的这些无意识的行为。而我，扪心自问，在做父亲这点上，真的还有很多要思考，要学习。想想自己，连奕奕这些无意识的行为都无法忍受，更何况去理解那种将来孩子开始学会思考后的"奇思怪想"啊……

看着这篇三年前写下的文章，我想起了一个细节，那是一个老婆还在月子里的夜晚，在睡眠中我又一次被儿子哇哇的啼哭声惊醒。我抱起儿子拍了拍，想让他停止哭泣，但儿子越哭越响，我立刻火冒三丈，并难以抑制，随手将儿子扔回到床上。虽然我扔的方向和力度还是控制住的，但这个扔的举动让老婆非常愤怒，她一边心疼地安抚恸哭中的儿子，一边以拒绝我做出的道歉来谴责我的暴行。事后这件事情被她牢记，并将此事与她怀孕时求我陪她而被我拒绝的事相提并论，说我一直对小狗不好，从小狗在肚子里的时候就开始了。

08 我的父母

　　我的脾气是暴躁的，很坏，平时看不出来，一较真起来就很容易暴露。多年来，我一直注意着这点，希望有朝一日能从根本上有所改变。逃避现实、强忍怒火，确实可以掩饰下自己的坏脾气，但我总觉得这非但于事无补，反而让自己沦为庸俗。就像少年时期爱钻牛角尖，同时更有一股非钻出来不可的血气，现在的我，虽然早已习惯身陷各种矛盾之中，但誓不屈服于矛盾。曾经的钻牛角尖现在想起来归根结底是为了化解矛盾，但由于总是在各种现象中纠缠，深入不到事物的本质，所以只能看做是化解矛盾的一种不成熟的形式。我想脾气暴躁肯定是源于某种矛盾，但我一直没有找到化解之法。曾经以为把问题都看透了就不会再去较真了，不较真了就不会有脾气了，不过这个想法显然很幼稚。已知是相对的，而未知却是绝对的。只要你想前进，想去发现，问题就永远存在，而且一个问题的解决往往会带来新的问题。不过问题给我们指明了了解事物的道路，所以产生问题不是坏事，而没有问题才是糟糕的，因为那意味着你在前进的方向已无路可走。

我多次追溯过自己脾气暴躁的源头，曾一直以为是受了父亲的影响。在儿时的记忆中，壮年时候的父亲平日里是一个和顺的人，但一遇到事情就容易发怒，一旦和别人争执起来，嗓门大，脸涨红。不过幸福的是，父亲和母亲几乎不吵架，父亲在母亲面前常常惟命是从。这一点，我现在发现自己和父亲非常相似，再怎么爱发脾气，不会和老婆去发。家庭的内讧是等哥哥长大以后开始的，在那之前，我和哥哥只有被父亲训斥的份，起不了纷争。小时候，因为我的小聪明，哥哥的耿直，加上父亲护小的心理，我总是能在他们之间挑起矛盾，或者是将各种"罪责"引到哥哥身上，看着父亲呵斥他，心里就很得意。哥哥渐渐长大后，开始"犟"起来，常常因为不服气而与父母顶嘴，由此家庭内讧便渐渐多起来了。庆幸的是，父亲很少打我们，最多就是头上来几个"毛栗子"，脸上掴几个巴掌，而我们越长越大后，这种手上动作也慢慢消失了。现在想起来，如果当时父亲会拿棍子这类武器打我们的话，以他的脾气不知道会把我们，尤其是不肯服软的哥哥打成什么样子，可见父亲在这方面还是有所克制的。不过我印象最深的一次打骂竟然不是出自父亲，而是我的母亲。

小时候，大概是从我上小学开始，在哥哥的影响下我也开始爱好上了集邮。所谓爱好，其实就是想办法花钱去买各种各样的邮票，也不懂鉴赏，以为越多越好，这也是当时我对"集"这个词的概念。集邮是需要花钱的，可是我们不像周围很多小孩，家里会给他们零花钱自己去买点零食，我的父母从来不给我俩零花钱，我们吃的零食都是家里事先买好的，通常是饼干，有时候湖州的亲戚会寄些青豆、爆鱼干来，加上父母亲偶尔出差会带些东西回来，这时候的零食储备会丰富些。平时因为一个星期也就准备着一斤左右的饼干满足我们的零食欲，所以每次吃饼干之前都是有计划的，固定时间固定份额，这个传统从我开始记忆起就是这样了，一直到我读初中以后。那时候，为了防止我们偷吃，父母们就想着法子藏饼干箱，很小的时候我们还会被他们唬住，可是渐渐大了以后再怎么藏也能被我们找到。毕竟就那么点空间，可以藏东西的地方也就那么几个，从最初的矮柜里面，到大衣柜上面，再到床板底下闲置的大木脚盆里，直到带着锁的大衣柜里。到最后，父母亲也知道确实没地方藏了，就只能固定地放在带锁的大衣柜里，不过常常有好东西了也不告诉我们，怕我们老是惦记那个大衣柜。

然而看不到的地方总是让人更加惦记，不管里面有没有自己喜欢的东西。什么东西都有空子可钻，这个带锁的大衣柜也不例外。衣柜的钥匙通常挂在父母的身上，如果去偷这个钥匙，确实可以打开那个衣柜的门，不过这个事情性质太恶劣，敢想不敢做。印象里，我用过几次小伎俩从父母那里骗来钥匙偷开过那个衣柜，不过这毕竟不是长久之计，满足不了我觊觎衣柜的欲望。大概是偶然的机会，我们观察到这个大衣柜有一个备用钥匙，放在一个破旧的小皮夹里，这个小皮夹不光放了这一个钥匙，里面还有很多杂七杂八的钥匙串在了一起，大概就是个备用钥匙包。这个发现曾让我们喜出望外。备用钥匙包总不可能也被锁起来，这样，找它就和找饼干箱没什么区别了，所不同的是，备用钥匙包体积小，藏得更深、更隐蔽。不过这显然难不倒我们，尤其是难不倒我，我哥因为比我大三岁，很快就不屑于干这种事，而我则长久乐在其中，成为我童年时候的一大乐趣。我很快发现这个备用钥匙其实就放在父亲写字台右边的正方形抽屉里。以前家里的那套家具都是自己做的，听父母说是他们结婚前父亲请了他的一个老乡朋友一起设计制作的，小时候我好像看到过这套家具的设计蓝图。什么写字台、五斗柜、大衣柜，经常听母亲用这些名字称呼这些家具，小时候我记性虽好，却一直没把这些柜子和这些名称对应起来，以至于每次母亲让我到哪个柜子去拿件东西，我总是要反复问到底是哪个柜子。家具的油漆也是自己油的，是那种当时很大众的深褐色，一到夏天家具表面就会有一层黏黏的汁，因为我喜欢坐在地上靠在柜子上看书，所以这层汁经常把我的汗背心黏住，有时候直接把我的手臂或者后背连皮带肉地黏在柜子上，要小心翼翼地拉扯半天才能摆脱出来，很讨厌。

　　父亲的写字台其实就是个储物柜，很少看见父亲在上面看书，只是有时会看见他在这儿写信。写字台的很多抽屉里放的都是杂物，比如刚才提到那个放备用钥匙的方形抽屉就是专为母亲放针线用的，里面有很多纽扣以及裁缝用的东西。父亲没什么书，只有一些《山海经》之类的杂志堆放在写字台的一个抽屉里，家里以前也没有书架，后来为哥哥和我买了一个竹制的书架。写字台正中间那个长方形抽屉是带锁的，曾经里面装了什么秘密也是我一直很好奇的。直到发现那个备用钥匙包后，在打开大衣柜门的同时，也打开了这个抽屉。那时候，每当我得意地打开大衣柜的时候，每每发现那个垂涎已久的饼干箱里还有一些零食我就很欢喜，为了不露馅，我不会从中取很多。在找到零食的时候，我也发现父母爱把钱放在大衣柜里，经常是用个手绢裹起来塞在衣服堆里，有时候大衣柜的抽屉里和写字台的抽屉里也会放些钱。不过我和我哥都不会去注意这些钱，一来我们都不太有花钱的概念，二来我们虽然有偷零食的想法，但不会去想着偷钱，这是父母亲从小教育我们的结果。

　　父母从不给我们零花钱，但是哥哥的抽屉里却总有一些积蓄，那是他靠田径比赛"挣"来的。哥哥从小学开始就是学校里田径队和篮球队中的主力，从小学到初中，再到中专。我上小学一年级的时候，哥哥是三年级，从那时候开始，我记得哥哥几乎天天很早起来就去学校参加训练，连早饭都是在学校吃的，这一度让我很羡慕，我也很希望能够像哥哥那样早上起来去训练，然后在学校吃早饭。其实羡慕归羡慕，我从小时候开始就是一个喜欢新鲜却没有长性的人，像哥哥那样天天早起训练这种苦差事我肯定坚持不下来。事实上，后来那个教过我哥哥的体育老师也给了我机会，但他很快放弃了我，大概他看出来我是一个和哥哥很不一样的人，和吃苦耐劳的哥哥比，我娇生惯养，不肯吃苦。相对于我总是让老师们失望的是，哥哥是很让人骄傲的，各方面全面发展，学习好，品德好，体育好，在老师眼里他没什么不好的。哥哥三年级的时候，到市里参加田径比赛，好像是400米和800米两个跑步项目，其中800米还得了第三名。还记得一天傍晚，天还有些蒙蒙亮，我从外面玩得满头大汗回来，看见父亲站在门口，很开心的样子。我想着可能有什么喜事，果然，父亲告诉我，哥哥刚从市里比赛回来，拿了很多奖品。那天我们一家人都很高兴，父亲则显然异常自豪。看着父亲捧着奖品中一个精致的果品罐头爱不释手的样子，我至今记忆犹新。二十多年过去了，那个罐头现在仍然在父母亲的家里派着用场。不过哥哥自从那次比赛后，再也没有在市一级的比赛中获得过好的名次。尽管如此，哥哥在县里面是常胜将军，在800米和1500米两个项目上总是得第一名，这也为他积累了相当多的比赛奖金，具体多少我也搞不太清楚，大概有好几十块钱。

几十块钱可不是一个小数字。记得刚上小学的时候，有一天下午，我在学校里捡到三分钱，这三分钱让我在那个下午过得格外幸福。我分了三次在学校门口的小摊上买零食，一次一分钱，分别是一竹桶的"梧桐灌"、一个醋大蒜、两段青皮甘蔗。所谓"梧桐灌"是我们当地的地方话，具体叫什么我没考究过，是一种比黄豆略大黑黑圆圆外表光滑的野果，吃起来味道甜甜的，不过不小心会把果汁弄得满身都是。那天，我偷偷地独享了这三分钱带给我的丰盛美食，很满足。

本来哥哥很珍视这些奖金，时不时地会拿出来瞅瞅，偶尔让我"参观"一下，让我很羡慕，也总是让我有一种想去比赛拿奖金的冲动，但是冲动归冲动，我始终没那个决心和能力。自从爱好上了集邮，哥哥开始不惜动用这笔奖金。那几年，我们买齐了邮局整年发行的邮票。我们不光在邮局买邮票，有时候还到私人那里去买，其中有哥哥的同学，也有父母亲厂里面的某些集邮爱好者。那时候的邮票很便宜，都是几分几角的，小型张会贵些，有几块的。不过一套邮票常常有好几张，有的甚至十几张，越到后面越昂贵，也越难集，比如有一套民居邮票，从一分钱到一块钱都有，集齐了就要花好几块钱。父亲支持我们集邮，认为那可以让我们从中获得知识，我确实也因此知道了很多中国的名山大川、名楼古宅、名人志士，还有什么花草动物，珍奇古玩什么的。但是父亲的赞助是有限的，况且母亲对此颇多微词，觉得邮票既不能当吃又不能当穿，还不如拿这些钱去买些有用的东西呢。所以为了买更多更古老的邮票，我们常常捉襟见肘，哥哥的那点积蓄也渐渐"挥霍"一空，但是看着新添的集邮册渐渐充实起来，我们还是觉得很值得的。

一个假期里的下午，我和哥哥在房间里为了我们的邮票事业合计着。那时候，哥哥的那点积蓄已经所剩无几，因为母亲的态度我们总觉得向父母要钱是不太可能的，由此我们竟然想到了大衣柜和那个带锁的抽屉。那里面应该有钱，前几天我翻饼干箱的时候顺便翻到过。是谁先有了这个念头我已经忘记了，不过自从有了这个念头后我成了坚定的拥护者，在我的怂恿下，本来还犹豫不决的哥哥也下了决心去翻箱倒柜"捞一票"。"就捞这一次。"哥哥这样告诫我。我"嗯"一声表示同意。就在我们激动地商讨过程中，我们突然看见一个人影从窗前那个小花园外边闪过，原来是母亲，她正拿着水桶到我们家后门去拎水。我们赶忙互相示意小声点说话，以免被母亲听到。

父母亲一直在俗称"小三线"的军工企业里工作，原来在浙江丽水山区的一个小县城——云和，我读大学那年全厂搬迁到了我现在居住的地方——武康，从浙江的南端来到了北端。军工企业的家属都有一个特点：不爱讲地方话，因为他们来自五湖四海，居住环境自成一体，在那里本地人反而成了少数派。我在云和待了十八年，只会讲一口北方人听不太懂的普通话，云和本地话别说讲，就是听懂都费力。我原以为我的普通话还算标准的，后来读了大学听北方人讲讲什么是正宗的普通话，才明白原来我的普通话那么不地道，充其量就是浙江普通话。我家在云和的老房子有三间，是厂里分的，好像要象征性地出点租金，两个较大点，其中一间挨着阳台的当作客厅，沙发、电视机、电冰箱、茶几摆设其中，还有一间是父母的卧室，大衣柜和那个写字台就在那里，我和哥哥住在最小的房间里，大约七八平米，能够摆下一张床和一个不大的书桌，在最里头还隔出了一米进深的空间放置杂物。由于我们的房子在一楼，又是最东面，所以八十年代初期父亲与隔壁及楼上两户人家合计后在房子东面又搭起了三间瓦房，其中一间最大，给我们家做了厨房，另两间则成为那两家人的杂物间。经过这样一整合，我们家的居住空间还算不错，只是原来的前门改成了后门，而后门就成了前门。我和哥哥热爱集邮那阵子，水龙头的位置一直在后门，因为用水桶拎水不能穿过屋子，怕弄湿了地板，于是只能从屋外绕一圈去拎水。那时候家里还养几只鸡，种一点地，经常要拎水，不过这种活不能都让父母干，身强体壮思想好的哥哥自然要搭把手。印象里拎水的活哥哥没少干，两手各拎一个水桶很卖力的样子常常引来路人赞扬，而我通常只是在旁边看看热闹。后来我故意很不满意地说："老不让我挑水，害我力气没锻炼出来，打架打不过哥哥。"

回到那天我和哥哥铆足了劲准备"干一票"的场景，正当我们用插销锁住隔在客厅和父母卧室之间的门并打开大衣柜的时候，突然响起一阵急促的敲门声，同时听到母亲的责问："快开门，你们两个在里面干什么？"我们没想明白刚才还在后面准备拎水的母亲怎么这么快就从前门进入到了客厅，一下子都懵了。我们在开门之前慌里慌张地准备锁衣柜，藏钥匙，没想到母亲在客厅喊起来了："马上开门，我知道你们在干什么！"这下没辙了，为了减轻点罪过，我赶紧去开门。看着怒气冲冲的母亲，手里竟然还拿着一个衣架，我们知道事情严重了。

"你们想干什么？偷钱？"母亲大声呵斥道。

"不是，想找点吃的。"我想试着狡辩一下，从来没看见母亲那么生气过，说实话，从来不惧怕母亲的我那天确实害怕了。

"放屁，你们刚才在嘀咕什么以为我没听见？我在外面听了好久了！什么不学，要学贼骨头？"母亲真的怒了。这下我想完蛋了，平时都不干坏事的，怎么一干坏事就偏偏这么巧被发现了呢？

"又没什么，就是想买几张邮票嘛。"没想到哥哥居然还不服气，可见哥哥对邮票的热爱其实远甚于我。不过这句话着实刺激了母亲，母亲浑身怒气正不知从何发泄，这下好，举起衣架就照哥哥身上打去，嘴里一边骂着："贼骨头，让你买！让你买！"

哥哥天生就是一个不服软的种，在母亲衣架的抽打下，一不认错，二不求饶，甚至还抬手去和衣架对抗，那不是遮挡，真的是对抗！起初母亲下手还是有分寸的，但看到哥哥这个样子，母亲更加怒不可遏，下手也越来越重。我在一旁看得心惊胆战，对母亲的"暴行"也越发愤怒起来。以前看着父母责怪甚至动手打哥哥的时候，我都是幸灾乐祸的，但那天我确实在心疼哥哥，其实我和哥哥骨肉相连，表面上总是互不相让，但其实心里都知道我们是亲兄弟，是谁也离不开谁的。我大声喊道："不要打了！"母亲回头看看我，大概想着怎么会生下这么两个孽种，也许我的话不但没让母亲冷静下来，反而变成火上浇油了。

母亲停顿了下，然后又继续拿衣架用力地向哥哥身上打去，嘴里还一边骂道："畜生！贼骨头！败家子！"什么恶毒的话语都毫无保留地从我们这位平时很慈爱的母亲口里喷涌而出，突然间，我听见"啪"的一声，仔细一看，母亲手里的衣架断了。那是一根厚实的木头衣架，木头外面还

51

与儿子一起努力

缠绕着一层绿色的塑料带子,它的年龄比我大,是我小时候很喜欢拿来玩的衣架,心痛!可是衣架虽然断了,母亲却没有罢手的意思。大概是看着仍然不低头的哥哥很生气,竟然忘记了自己刚才打得那么狠,更忘记了心疼,母亲扔了手里的半段衣架,继续用手掌拍向哥哥。不过这时候,母亲开始哭了,边哭边打,因为哭的缘故,骂声变得一颤一颤的。这倒让吃软不吃硬的哥哥心软了下来,本来硬憋着的泪水一下子奔腾而出。我始终是个旁观者,看着母亲越打越轻,最后停下来愤愤地走开了,去了厨房。留下了哥哥一个人在房间里哭,我很想去劝劝,但又不知道说什么,大概胡乱说了两句,哥哥也不理睬我。我又跑去厨房看看母亲,她也在哭。当时我不心疼母亲,就很奇怪为什么母亲打了人自己倒哭了。后来发现,母亲每次和我们吵架后,哭得最厉害的都是她。有一次,我和母亲争执,母亲让我滚,我说滚就滚,结果我真的摔门而出。可是我能滚多远呢,在外面没滚几个小时就回来了,回家后依然像没事人一样,一边哼着赵传唱的《我是一只小小鸟》,一边笑嘻嘻的,浑然不觉独自一旁做着家务的母亲其实正在哭泣。

傍晚的时候,父亲回来了,我正担心父亲会再教训哥哥一顿,不过父亲那天倒很和蔼,在他的调和下,哥哥向母亲道歉了,我也道歉了,母亲没向哥哥道歉,我们家里没有大人向小孩道歉的传统,不过她的心疼我们也能感受得到。自从这次事件后,我们的集邮热情大大降低。很快,哥哥读初中后,我们彻底放弃了曾经热爱的集邮"事业"。

09 合理的期望

父母亲和孩子应该是什么样的关系？在做孩子的时候我思考过，不过那时候的我总是站在孩子的立场上。成为人父后，我可以更全面地去考虑这个问题了。从《动物世界》这类电视节目或者书籍杂志中，我注意到在动物身上母子关系比父子关系更紧密。在动物世界里，孩子的抚养及生存技能的培养往往是通过母亲完成的，父亲可能仅仅在提供食物和安全保障上出点力，很多动物里甚至根本没有父亲的概念，它们从生下来到独立之前，身边只有母亲。在人类社会漫长的早期阶段，大约一百多万年里，在这点上也和动物差不多，父亲在孩子身上的付出和母亲相比微乎其微，当然，这也是当时人类分工不同的需要。大概只有在人类社会开始步入文明阶段的时候，父亲的作用才开始真正体现。古时候的父母是很辛苦的，本来就为了温饱而奋斗着，还要带那么多孩子，所以将孩子养活下来直到他们独立，成了父母们最终的目的。也许父母会赋予孩子各种各样美好的期望，但孩子们究竟能成为什么样的人，这不是父母能掌握的。

与儿子一起努力

到了现代社会,一切都那么美好,尤其是生活在这个有历史、有文化、有前途的国家。尽管还有很多人挣扎在贫困线上,尽管还有一些人生活在苦难中,但是我们看到更多的是富足、安定、自由,以及飞速的发展。纵观人类历史,现在的生活条件,是先人们做梦也做不到的极乐世界。不过美好毕竟是一种感觉,是人精神层面上的东西,它和物质有一定的关联,但更多的取决于人的思想。也就是说,再完备的物质条件也未必能给人带来美好的感觉。不过我想,在物质条件更好的社会里,感觉美好的人群应该比物质条件相对差的社会里多些,当然,这不是一种理论,只能看做是我个人的期望。反正我是觉得这个世界是美好的,在我学会比较后,不管横向和周围比还是纵向和历史比,尤其是纵向比,让我觉得能够生活在这个时代、生活在这个国度实在是最大的幸运,比中了几亿元的彩票幸运得多。也许将来应该会更美好,但你不能因为没有活在将来而觉得现在不美好,恰恰相反,你应该为将来会更美好而越发觉得现在真美好!

现在的父母无疑是幸福的:优生优育成为平常事,母亲怀孕不必担心丢掉工作,分娩的时候因为可以选择剖腹产而不用担心难产,孩子出生后有可靠的医疗保障,大人多孩子少带孩子又轻松又愉快等等,诸如此类的幸福不胜枚举,不过从某个角度概括起来这些幸福也就是一句话:父母要把孩子拉扯大那是太轻松了。然而现在的父母显然不仅仅满足于将孩子养大,他们更希望能够将孩子塑造成大人期望的那样,如果说古时候大人对孩子的期望是那么无可奈何,那么现在的期望完全是可以把握的了。其实以前也不乏父母塑造孩子的典范,但那毕竟是少数,而现在无力塑造孩子的父母成了少数,关键是父母愿不愿意真正为此付出。我想,赋予孩子什么样的期望,就如同赋予自己什么样的期望一样,在这个社会,只要期望合理,只要肯付出,都是能够实现的。

期望是容易的,合理的期望就难了,为了合理的期望不懈地付出就难上加难了。很多人期望孩子成龙成凤，实际中却把他们当作宠物来养。也有很多人总是抱怨孩子不努力，自己却沉溺于麻将棋牌中。我有时候很悲哀，因为我发现自己就可能成为那些对孩子满口期望却终日无所作为的人群中的一分子。想想曾经期望过自己什么，再看看自己是怎么对待这些期望的，我隐约可以感觉到将来我对儿子的期望会是多么苍白。有心做事而无力成事，肯定是有原因的，但这个原因深究起来必定不可怕，因为有心做事说明你一直在努力着，即使没有做成事也不必感到悲哀，要相信只要努力着就可能改变一切。所以可悲又可怕的是有心成事却无心做事！有期望却不愿付出，不努力做事必不能深入其中，终日想入非非游离在希望和现实之间，却总是弄不明白希望和现实的差距，更无力改变这种差距。他们是爱做梦的人，做梦的时候很快乐，梦醒的时候很悲哀。不过做梦的人终究会有对梦心灰意冷的一天，到那一天他们会怎么样？或许绝大多数人会进入一种比爱做梦还要可悲的状态：连梦都不愿意做了，即无心成事。无心成事必然就无心做事，这是一种麻木的状态，对人生不再期望，得过且过。不过，还有一部分人会知耻而后勇，他们明白放弃做梦不等于放弃理想，从此用心规划，踏实做事。我想这部分人将来很可能实现自己的梦想，因为他们从沦陷中挣扎了出来并找到了方向，进入了正确的人生轨道。

我是一个爱做梦且做了好多年的人，我有理想，有憧憬，就是难于付诸行动，但是我还没有麻木，我知道我不能麻木，必须振作起来！人不能麻木，每个人都是有责任有使命的，不管你曾经虚度了多少光阴，未来总还有很多的事情需要你去做，如果破罐破摔，听天由命，只能让你悔恨一生。父亲，是一个称谓，更是一种责任！丈夫也是！儿子，像我这样三十来岁的儿子，肯定也是！还有许许多多的身份，其实都不仅仅是一个称谓，都是一种责任。也许你还有更高的目标去不断超越，那就是你的使

| 与儿子一起努力

命！我看不起自己爱做梦，但又欣慰于自己还有责任感和使命感，为了不使这种责任感和使命感变成另一个梦，我决心从做一个合格的父亲开始，步入新的人生之旅。

10 合格的父亲

父亲，合格的父亲！

说起来很简单，但我总觉得其中的涵义远比说起来的复杂得多。生孩子容易，养孩子难，有句俗语这样形容那些不负责任的父母：只管生，不管养。不过以我的观察，不养孩子的母亲是不多的，那些不负责任的父母里面，父亲占了极大的比例。儿子刚出生不久的时候，我正沉溺于英雄无敌中，为了让自己没有忘记已经做父亲了，更主要的是为了让自己玩游戏的时候更加心安理得，在抽空的时候，我会抱儿子出去走走，大街上、体育场、火车站、广场，一般我会"巧妙"地选择时间，尽量不和玩游戏冲突起来。我陪伴儿子是这样选择时间的，可是在那之前，我已经这样陪伴老婆一年多了！这种事想起来应该是让我惭愧的，但是我不得不告诉自己："你已经没有资格再惭愧了！"确实，我在玩游戏这个事情上已经把惭愧当成了家常便饭。那几年里，每次惭愧过后，该怎么玩还是怎么玩。如果真的要惭愧，我只能为那几年无数的惭愧而感到惭愧。

与儿子一起努力

其实在我抱着儿子去外面玩耍的时候，看到那些满大街满广场或抱着或领着孩子的人里鲜有父亲的影子，我就知道比我更不负责任的父亲还有很多，他们或者沉溺于麻将扑克，或者沉溺于酒吧舞厅，或者和我一样沉溺于网络游戏，当然也有一些不是沉溺于某种爱好，他们有可能忙于应酬，也可能忙于正经事情。现在的家庭环境好了，孩子少了，照顾孩子的人往往不仅仅是父母，爷爷奶奶外公外婆这些老人也都会帮忙，通常别说少一个父亲，就是父母都出去忙活了，孩子照样也可以有人带着。比如我最小的叔叔，比我大八岁，常年和婶婶一起在外做生意，他的两个孩子从小开始就让我奶奶一个人带着，现在两个孩子姐姐十四岁上初中了弟弟八岁读小学了竟然还由已经八十高龄的奶奶带着，为他们做饭、洗衣，还要哄着。幸亏我奶奶身体和心态都很好。

还是那句话，养活孩子现在太容易了，可是我们做父母的，难道还像古时候那样仅仅满足于把孩子养活就可以吗？孩子的人格塑造，精神世界的培养，难道就真的可以放任不管，听天由命？难道那些曾经把我们拉扯大的父母再一次拉扯我们的孩子的时候，在外面整天"忙活"自己事情的我们还有理由责怪老人们把孩子惯坏了？悲哀，这是我的悲哀，更是我们这群人的悲哀！我不是一个爱感叹的人，但是在对待孩子这个问题，我不得不敲响警钟，给自己，也给那些和我一样不负责任的父亲。

我的父母亲是合格的，虽然他们没有把我培养成天才，但至少把我和哥哥培养成善良、诚实的人。我们曾经生活的云和，父亲和母亲在十六七岁的时候分别只身来到了那里，在那里认识，在那里结婚，在那里生下哥哥和我，我们一家人在那里没有其他亲戚，是他们自己把我们带大。父母亲一直都是居家的，在工作之余，母亲管生活，父亲也管生活，在买菜做饭整理家务事上母亲是把好手，父亲得听母亲的调配，不过在修理、砍柴这些力气活以及在较大点的事情上拿主意，主要还是看父亲的。母亲出生在城里，但没什么文化，我看见她的文化程度一栏写的是"高小"，据说就读到小学二年级的样子，这在当时已经是不错的条件了，至少还能认字了，勉强可以欣赏《山海经》，也够讲故事给我们听了。母亲在家里七个兄弟中排行最小，在她十岁左右的时候，哥哥姐姐们都已经离开家里出去工作了。不像我们小时候，更不像现在十来岁的小孩正是娇里娇气的样子，母亲那时候就开始照顾生病的外婆，买菜做饭从那时候就开始了。母亲十五岁那年，外婆去世，隔了一年，母亲就被招工招到了当时又穷又偏僻的云和。父亲和母亲有些不一样，在农村长大，恰巧家里也是七兄弟，不过他排行老大，从小读书，初中升高中的时候被浙江最好的中学之一缙云中学录取，但因为家里供不起，很想读书的父亲只能放弃学业。第二年，父亲考到了云和技校，是一所专为军工企业培养人才的学校。母亲进了工厂后第二年，父亲也技校毕业进了工厂，虽然学历差别很大，但据说他们当时在同一车间，干的活也一样，都是最苦最累的车床活。

小时候，母亲把我们的生活照顾得无微不至，如何让我们吃饱，穿暖，睡好是她每天都要计划并用心去做的事情。直到现在，我和哥哥都已经做爸爸了，母亲还时常嘘寒问暖。从小到大，我对母亲细致的安排颇多反感，常常顶撞，虽然长大后，特别是开始独立生活后也渐渐明白了其实自己真少不了母亲这样的照顾，可是一听到母亲唠叨还是忍不住要顶撞几句，好像是为了自由，不过更多的原因可能是一种多年来积习而成的条件反射。其实我对亲人都有一种坏脾气，而且感情越亲脾气越坏，只是对老婆是个例外，因为她的抗争让我学会不在她面前轻易发脾气。反观母亲，母爱真伟大，从来不和我真计较，虽然有时候也狠狠地骂道："你个没良心的东西，我怎么这么犯贱，高兴来管你呢？"其实骂归骂，过后该怎么操心还是怎么操心。有时候我看见母亲真发狠了，就会找机会凑过去故意拉扯几句让母亲开心，看见母亲一笑，我就知道什么事情都没了。

与儿子一起努力

  印象里除了会讲讲简单的故事外,母亲很少涉及我们的精神生活,我们高兴了她跟着我们高兴,我们不高兴了,她也只能用阿Q似的精神力量安慰下我们,这也许就是母亲身上在母爱方面最大的局限性。和母亲在生活方面管理得面面俱到不一样的是,父亲更善于从本质上进行管理,我身上有很多的好习惯就是小时候在父亲的管理下培养成的,比如饭前洗手、按时吃饭等,不过印象最深的是父亲规定我们不许吃饭前后喝水。小时候,我常常玩得忘记口渴,等到吃饭的时候才想起来要喝水,不喝水就不肯吃饭。父亲总是坚持不让喝水,说吃饭喝水会得胃病,不过母亲看着我要赖的样子会心软,就会说:"喝一口吧,下次记住就行了。"虽然母亲总是会在我的坚持下妥协,但父亲的威慑力还是存在的,长久下来,吃饭不喝水就成了我受益终身的习惯。现在看看身边很多人小小年纪就这个胃病那个胃病,我了解过他们基本都有边吃饭边喝水的习惯,所以我就更加感谢父亲当时的坚持。

  其实父亲对我们精神方面的影响力也不是很大。父亲性格耿直,老实肯干,也够聪明,但是认识事物有些武断。在我们很小的时候,他说的话对我们还管用,但到我们大起来学会思考后,他的论断就显得越来越缺乏说服力。哥哥是最早向父亲的权威发起挑战的人,那时候经常看见他们两个为了毫不相干的事情争论得面红耳赤,母亲则在一旁劝说:"这些事情关你们屁事啊,有什么好争的。"后来我知道他们为什么会争论,其实争论的内容和结果并不重要,重要的是观念的渐渐分歧已经不得不用争论来摆脱思想的束缚了。我则继哥哥以后直接对父亲的观念、观点采取了更为不屑的态度。也许是有哥哥这个先行者,让父亲知道了用强势是无法让我们低头的,于是当我站出来标榜自己的思想的时候父亲已经更包容了,最多就是叹口气说:"怎么都这么犟啊?"现在想起这句话,我觉得父亲应该把他自己也包括在"犟"这一类里了。

哥哥才是对我影响最大的人，当然，我说的是精神方面。哥哥在整个学生时代都是做班长的，正直、敢担当，有领导力，有亲和力，还有坚忍的毅力，这么多优点集于他一身让他的少年时代很受瞩目。小时候，我的品行和哥哥有很大的差别，我是一个自私、自我、没有长性的人，这注定让我在集体生活中不受欢迎，甚至受到排斥。刚上小学的时候，我的学生时代第一个班主任老师正好是教过哥哥的，应该是沾了哥哥的光，她指定我为班长，虽然是代理的，也让我好一阵洋洋得意。不过没几天，我这个班长就被那个班主任撤掉了，原因是我不仅不以身作则，还带头捣蛋。后来，她反反复复评价我的一句话是："都是一个父母生的，为什么一个在天上，一个在地下呢？"起初我没弄懂这句话的意思，听得多了也就明白了，那意思就是我和哥哥的差距就像天和地一般遥不可及。很巧的是，这个评价无独有偶。上了初中以后，一个教英语的老师曾经做过哥哥的班主任，她也给了我们同样的评价："这兄弟俩，一个在天上，一个在地下。"也许这些老师会觉得我应该为得到这样的评价感到脸红，但其实每次听到这样的评价，我除了为有这么一个在"天上"的哥哥感到自豪外没有其他感觉。虽然我表面上总是对哥哥的优秀表现不屑一顾，但实际上我喜欢在心里自己品尝那份殊荣：他是我哥哥！

其实从幼儿园开始我就被老师列为调皮捣蛋的那一类。有一年儿童节，我们整个幼儿园到县里惟一的体育馆——室内篮球场里表演节目，节目结束后每人都有奖品，一个塑料水壶。在表演节目的过程中，不知道什么缘故我被某个幼儿园老师点名批评并被调出集体单独反省。在表演完后我看着大家都拿了奖品，惟独没有我的份。有趣的是，我碰到这种事情的时候通常都看得很开，也许是受了母亲的影响，我会这么想这个问题："不给我，我还不稀罕呢！"所以这事情应该影响不了我，而且这类事情在我身上发生过不少，我本不应该把这事记得这么清楚，可是后来，我偶然发现那个本该属于我的水壶竟然挂到了那个责罚我的幼儿园老师的儿子身上，当时发自心底的愤怒让我再也忘不了这件事。在我的学生时代，虽然有几个老师让我记忆深刻，但是没有一个老师能够真正影响到我，我对老师几乎没有怀过崇敬的心情，什么灵魂的工程师，我从来就没有这种感觉。很抱歉我确实用了"从来"这两个字，自从我认识到其中的涵义后我就轻易不说这两个字了，因为我觉得这两个字的内涵就是轻蔑和亵渎历史。

虽然老师对我的评价都不高，但其实从小到大我的学习都是不错的，不是我有多少努力，实在是学习，或者说考试对我太轻松。我的记忆力要比哥哥好很多，一篇没有教过的语文课文，我在吃早饭前的晨读中就能轻松背下来，这只是一个很简单的例子，其实那时候只要给我一点鼓励，我就能记住很多东西。记得有一天，那时候哥哥上小学了，我还上幼儿班，父亲想考考我们两个人关于节日的问题，或者给我们日期让我们说这个日期代表的节日，或者给我们节日让我们说出它的日期。什么国庆节、元旦、儿童节，甚至建军节、党的生日什么的我记得清清楚楚，但是哥哥显然不行。刚开始的时候我还很得意地在抢答，在享受来自父亲的称赞，到后面我就听见父亲不停地在斥责哥哥"木壳"、"木惺惺"，于是都不好意思再做回答，以免再刺激他们两个。虽然父亲一直认为我更聪明，但实际上他对哥哥的期望明显要比对我的期望高很多，可期望终究只是期望而已。应该说父亲为了他的期望也牺牲了很多。早些时候，在我们家的饭桌上会听到类似这样的谈话：

我："爸爸，你怎么当不了官呢？"在父亲表现很"牛"的时候，我喜欢这样调侃下他，言语和表情中还带着点戏谑和嘲讽。

父亲："当官有什么了不起，我们那个厂长原来是我们技校班上学习最差的人。"父亲总看不起那些当领导的，因为他觉得他们在瞎搞，如果换作他当领导，他认为他完全能胜任，至少比他们干得好。

我："那你为什么做了一辈子工人？"

父亲："还不是为了你们。"

母亲这时候会忍不住插一句："为了带你们两个，家里都忙不过来了，哪有时间去想那方面的事啊。"我知道母亲所谓的"那方面的事"指的是去上进，去当官。

父亲："你不知道你们小时候多么皮，哥哥还好点，特别是你，要是当时不管牢，你以为你现在这么舒服啊？"

我："借口。"我在他们面前向来是毫不留情的，也可以说很刻薄。

父亲："什么借口？不信你去看看那些当官的小孩，有几个好的？"这一点我赞成，有太多的例子，包括很多身边的真人真事都能予以佐证。但是我觉得父亲在面对问题的时候总是轻描淡写，避重就轻，看上去找的都是客观原因，其实很不客观，因为他几乎不从主观上去反省。我可以给他找个原因，即他没有给自己予以期望，也许就是因为这一点，父亲成为了一个虽然有责任感但是没有使命感的人。很早的时候父亲就常常把"老"字挂在嘴边，可见其心态。

我说父亲是一个合格的父亲，是因为父亲一直在很尽职地履行做父亲的责任，我仅仅说父亲是一个合格的父亲，是因为父亲在精神状态和认知上的局限性，达不到优秀的标准。很多人在评价父母亲的时候总希望把所有的溢美之词都给他们，也许这些人是觉得之前欠他们的父母亲太多了，想用那些云里雾里的词汇把他们的愧疚之情找补回来，但我总觉得赞美是赞美，评价是评价，世上没有完美的人，当然没有完美的父母。如果一定要让我说一些让父母觉得宽慰的话，我会这样告诉他们："世上有那么多不合格的父母，你们却不是！"如果还要再说得激动一些，我就这样说："你们是世上为数不多的合格父母中最出色的父母！"其实世上有很多优秀的人，但所谓优秀的父母我还真没有见到过。

I 与儿子一起努力

11 有话好好说

　　我相信自己已经成长为一个合格的儿子，但如果我问父母："我是一个优秀的儿子吗？"母亲肯定会笑着说："优秀，我们的儿子肯定优秀。"父亲会比较内敛，不过他的回答应该也是："嗯，优秀优秀，你说优秀就优秀。"俗话说"瘌痢头儿子自家宝"，如果说儿女们在评价父母的时候还会有所保留，甚至有些刻薄，但父母亲在评价自己的儿女的时候总是希望往好的方面靠。不过，假如能够回到从前，让父母再有机会去培养一次他们的儿子，我想他们肯定不会期望儿子仅仅成为我现在这个样子。虽然我总是很自信，但平心而论，我在哪方面都不优秀，其中就包括不是一个优秀的儿子。

　　我完成了传统观念里一个儿子应该做的事：独立、成家、生育，不给家里抹黑，所以我应该是一个合格的儿子。但从少年时候的叛逆期开始，我习惯了不听父母的劝诫，我习惯了与他们争执，我习惯了不和他们沟通，我习惯了在他们面前自说自话、自行其是。父母也早就习惯了我，很

64

多话如果由我哥哥说出来他们会受不了，但是通过我说出来他们会觉得司空见惯。其实我不光对父母是这样，我对待哥哥更是这样，总之我不喜欢在他们面前表露出温顺的样子，而是喜欢用言语刺激他们。我曾很自私地觉得这是我的风格，我也曾很自私地觉得他们应该适应我这种风格。他们也确实适应了我，不过有时候，碰巧在他们情绪低落时我的言词过激了，也会引起他们强烈的反感。幸好我对情绪变化的判断是敏锐的，一旦发现矛盾冲突过分了，我会寻找机会进行化解，所以我在家里不仅仅只做破坏感情的事，其实还是一个修补感情的好手。

古黎很反感这点，常常责问我："为什么一家人就不能好好说话？"紧接着她会补充一句，"将来我绝不会让奕奕成为你这个样子！"奕奕是儿子的小名，在儿子生下来后的几个月里，我们渐渐习惯了不再叫它"小狗"。是啊，为什么一家人就不能好好说话呢？这话我也问过自己很多遍。其实当我板着脸冷言冷语时，我并不总是冷血的。记得有一年我大学寒假待在家里，在一次与父母亲和哥哥打牌的时候发生了争吵，结果那次争吵竟让我激动地跑到房间痛哭了起来。在过年的时候打牌是从我很小的时候就开始的一个传统，在云和的那几年我们打"红五"，后来到了武康我们开始打杭州的"双扣"。其实我们一家人打牌的时候吵起来是很平常的事，不过那次我却哭了，这对于像我这样脾气很硬、有些冷血的男人来说是罕见的，况且还是当着家里人的面在哭。记得那次争吵并没有什么特别之处，既不猛烈也不新颖，是什么原因让我失声痛哭我甚至一直没回忆起来，而当时父母亲和哥哥对我的哭泣也显然感到很意外，他们对待这件事采取了想当然的做法：小心翼翼，不予干涉。事后他们也不提及这件事，似乎是对我的一种保护。不过他们这种做法是在回避矛盾，虽然从某种程度上说确实是一种保护，可是这对我没有帮助，我本可以通过这件事明白我和家人之间存在的矛盾，如果因此而在家人之间展开一次推心置腹的交流的话，或许我已不是今天这个样子。事实上，那天哭了之后我感到很舒服,但是丝毫没有改变对待家人的态度。冰冻三尺非一日之寒,我的态度不会轻易改变,父母亲的态度更是根深蒂固。所以说家里人看到我哭泣后却假装不当回事的态度并非偶然,其中潜藏的原因远比我哭泣本身更耐人寻味。

从小到大,父母亲在生活上对我们的关心是不遗余力的,哥哥虽然犟,但一直以来都是很体贴父母的。哥哥工作第一年的春节回家,把几乎所有的积蓄买了衣服、鞋子之类当作礼物给我们。可是父母亲对此颇多不满,频频责怪哥哥乱花钱。我小的时候一直很自私,但是我也愿意去关心亲人,有时候也很主动地去帮助父母做些事情,可是我这样做常常换来的不是奖励和鼓励,而是责怪,他们总是嫌这嫌那。记得父母亲常说的一句话:"管好你自己就可以了,大人的事情你们不要管。"虽然那时候我去做事情有点玩的意思,但是父母亲这种不让参与的态度着实打击了我的主动性,以至于我后来根本就不问及家务事,更不愿意用行动去关心他们,因为我敏感的心受不了这种去关心别人却换来的冷言冷语。哥哥也常常吃力不讨好,但哥哥比我有耐心、有韧性,我想这正是他从小到大都能够一如既往地去主动关心别人的原因。其实我们也知道父母亲并非真的讨厌我们,他们用他们自己的方式在爱我们,希望我们不用为他们操心。但是这种爱的方式实在让我无法容忍,事隔多年,我在回忆往事时仍然对此耿耿于怀,甚至认为如果不是当时父母亲的那种态度,我现在不会变得这样冷酷。大概是因果相报吧,我竟然在不知不觉中沿承了父母亲那种爱的方式,在他们关心我的时候,我用这种方式变本加厉地倾注于包括父母在内的所有亲人,或者简单粗暴,或者冷言冷语,或者讥诮不屑,其实我也是想告诉他们:你们不用为我操心。久而久之,在我们家里再也看不见心与心的交流。去爱,却是这种结果,是一种悲哀。

也许是类似的原因,在我们家里丝毫没有好好商量的氛围,小时候我和哥哥轮不到参与商量，大起来了我们都不愿意和父母亲去商量。父亲、哥哥和我每个人都各有主张，而且都是"犟种"，自己的主意自己定，想做什么就做了，如果做的事情可能有些不寻常，最多就是互相告知一声，告知的时候看起来是商量，其实是早就定好的，不论对方同不同意都不太会影响到结局。在这一点上，我做得最出格，也最嚣张。我是个很纯粹的人，不愿意掩掩藏藏，在我们家里，不管是对外还是对内，谁要是假模假样的肯定被我一顿臭骂，这一点我相信母亲深有感触。女人和小孩子一样，小九九总是很多，我母亲也不例外，所以母亲经常受到我无情的批驳，常常陷于尴尬。我知道母亲听到我这样说她肯定不乐意，她一定会这样说："我们家里最假模假样的人不是你吗？"我承认我是经常假模假样，可那是我的幽默，是一种刻意夸张毫不掩饰的假模假样，和那种真正的假模假样有着本质的区别。由于这样的个性，我在处理自己的事情的时候，就直截了当做两件事：决断、通知。买房子的时候，我和房产商把合同定好后，回家吃饭时说一声：今天买了套房子；找女朋友的时候，认识古黎一个月多点，我把古黎带回家见父母，告诉他们：她就是我的女朋友；结婚的日子是我两个月前定的，父母问怎么弄得这么急，我说：你们不急我还急呢。几乎所有的事情都是我决断后再简单地履行下通知的义务，父亲以前常感叹："这么大的事情为什么事前都不和我们商量下呢？"好在我的决断也都没太大失误的地方，现在父亲早就适应了，他也知道我的脾气，真要来插一脚我肯定和他急，所以现在我的事情他不会来多管，更谈不上干涉。

有时候，我很享受这种通过长期斗争换来的家庭自由，但是我行我素，缺少商量的氛围对一个家庭来说难道是一件幸福的事情吗？哥哥从中专毕业后一直都在外面工作，每年只在过节的时候偶尔回来，本来我们一家人气氛很好，其乐融融，但是一谈到事情，特别是谈到关于哥哥的事情，父亲就开始带头激动起来，然后就是争吵。所以在我们家里不谈论事

与儿子一起努力

情的时候什么都好,一谈论起来肯定要面红耳赤,我们和父亲争,我和哥哥也要争。三个人都是大嗓门,一争吵起来惊动得邻里四周以及路人都静下来侧耳倾听,猜测我们家里是不是发生了什么重大的事情,而母亲此时在一旁只能做些无力的劝阻。其实孩子和父母之争,起因看似五花八门,但实际上都会归结到平等之争。平等很重要,没有平等就没有真正的商量,以前父母亲的强势让我们无法与他们商量,时光轮转,我们从弱势变成了强势,现在父母亲无法与我们商量事情了。这对父母来说是苦涩的,因为是他们酿造了这一切,但这对我们来说难道不是一件值得反思的事情吗?如果我们也理直气壮地像父母一样利用现在的强势去扼杀家庭中商量的氛围,我们的孩子将来会怎么样对待我们呢?难道我们要延续父母的苦涩,再用今后几十年的时光去培养另一个苦果吗?

父亲通常是家里的主心骨,父亲完全有责任担当起塑造和维护家庭环境的重担,而家庭环境的重心有两个,一个是夫妻关系,另一个就是父母和孩子之间的关系。我的父亲在几十年里没有营造一个良好的父子关系是他的失职。不过话也不能完全这么说,现在我和哥哥都三十多岁了,正是有责任从父亲那里接过维护家庭环境这个重担的时候,如果我们不意识到这个问题的严重,继续放任这个延续了几十年的过错,那就是我们的罪过了。亡羊补牢,犹未晚矣,错误总是需要弥补的,所幸现在还有这样的机会。千万不要等到某一天,逼得你泪流满面、痛心疾首地向着苍天在喊:"我错了!"如果你真的有那天,请不要在我面前哭,我不会同情你。

12 有强就有弱

语言沟通，包括谈话、议论、商量等，是人类最基本的生存能力，只要调整好心态，几乎每个人都能做得很好。人在法律面前固然是平等的，但是实际相处中，人和人总有强势和弱势之分。领导和下属，父母与孩子，聪明的人和愚笨的人，强壮的人和弱小的人，自信的人和不自信的人，知情的人和不知情的人，有经验的人和没经验的人等等，每个人在一个群体中都有相对强势以及相对弱势的方面，所以，在不同的环境下，人和人之间的强势地位会发生转化，有的人在高谈阔论的时候是强势，可能到了解决问题的时候就成了弱势；有的人骂人方面是强势，可能打架方面就成了弱势；有的人在打乒乓球的时候是强势，可能在下象棋的时候就成了弱势；在下级面前你是强势，在上级面前就成了弱势；在徒弟面前你是强势，在师傅面前就成了弱势；在车子里开车你是强势，在路上行走时你就成了弱势。一般情况下，一个人一天当中都要面对很多次强势和弱势的转换，当你处在强势的时候你怎么做，当你处在弱势的时候你又怎么做，相信很多人没有仔细想过这个问题，也有很多人甚至判断不出自己到底应

与儿子一起努力

该是强势还是弱势。那些总是以为自己处于强势地位的人往往盛气凌人而忽视了自己的弱点,而那些一概把自己列为弱势的人往往自卑自怜,不知道如何发挥自己的长处。当然,处在这两种极端的人很少,大多数人都能大概地察觉出自己在某个环境下所处的地位而调整自己的言行。所以沟通总是在强势和弱势之间进行,完全的对等即使存在,那也只是特殊例子。

处于强势地位的人都有一股子盛气,而处于弱势地位的人则难免心中忐忑,这是人性所趋,也可以说是人之动物性的表现。弱肉强食是动物界的规律,强者自然要凶悍,弱者自然要时刻提防以保护自己。人类从动物演化而来,虽说在基本权利上已经通过法律得到保障,不会因为强弱之分而被剥夺其基本的权利,但法律的保障也只能到此为止。如今文明社会,丰衣足食、安定和谐,强弱之分因为法律和道德的保障而不会显得凶险。但强者总要有强者的表现,而弱者也需要小心翼翼,这些都是客观事实,但并不值得宣扬。人类社会要不断发展文明,就必须不断淡化人类的强势心理,营造更加平等的社会环境。其实人类那么聪明,那么智慧,并不会不明白过分的强势心理导致最受伤害的还是自己,毕竟一个人再强,在一个有组织的集体中,他永远是弱者。所以很多人学会如何在组织中生存,特别是官场上,很多人都明白内敛才是保护自己最好的方式。

最近在我们这里发生一件事情,某派出所所长在家门口因为私事与一个醉汉发生争执而殴斗起来,醉汉不幸倒地撞在石块上成为植物人,而该所长也因此成为阶下囚。此事被媒体曝光后,该所长成为众矢之的,一下子成为那些恶警的替罪羊,一些偏激的公众借此把处于强势地位的警察们批驳得一无是处。这件事值得关注的地方很多,首先那个所长,他也许懂得如何在官场上做到收敛,但是到了私下场合,他这种强势心理很容易被激发出来,他的职位,他的格斗经验和技能,这些都让他感觉到强人一等,也许这正是酿成这个事故的内在原因。而那个醉汉,也许是酒精的刺激让他嚣张得分不清强弱，也许他根本不知道和他发生冲突的人的来头，但有一点是肯定的，他当时也在逞强。想想一个弱者在一个强者面前逞强，如果你多看看动物世界，你就会很明白那会是什么结果。还有就是媒体和公众，我们的热烈关注说明了这个社会的力量，也说明了真正的强者不是哪一个人，而是集体。我想那些批驳警察的人，包括我自己，假设我们也拥有那个所长的地位和格斗技能，那么我们在遇到这类事情的时候会怎么做呢？我想很多人做得未必比那个所长要好，我也一样，火暴的脾气不知道什么时候就会被激发出来而酿成大祸。所以，批判别人是容易的，但你时刻要想到别人会犯的错恰恰正是自己容易犯的，因此在批判别人的时候我们更需要从内心加以警惕和反省。

在类似的悲剧面前，人们常常站在弱势的一方，同情弱者，批判强者，这是人类社会才有的文明现象。每个人都有弱势的时候，所以你保护了别人的弱势，其实也正保护了你自己。反过来说也是一样，每个人都有强势的时候，当你看见别人的强势受到排斥，也应在自己强势的时候懂得收敛。其实古人对此早有良言，曰：不卑不亢。确实，这不正是我们行为处事应该参照的标尺吗？

回到父子关系上来，一般来讲，在孩子独立之前，父亲相对是强势的，但在孩子独立之后，父亲的强势地位就逐渐减弱。在中国这个讲究忠孝的国度，父亲的地位曾经是有传统做保障的，但这种保障随着时代的发展而渐渐弱化。在提倡自由民主的今天，孩子在家庭中的地位完全可以由他们自己去争取，愿听父母的自然可以一辈子依赖父母，想独立自主的父母拦不住甚至很乐意，这是我们这个时代开放和进步的一个体现。但是，在孩子还需要依赖的时候，我们做父母的应该怎么做呢？如果将境界再提升一点，就可以问出此前问过的一个问题：父母和孩子应该是什么样的关系？

第❷卷

育人者先育己

01　与孩子成为什么样的关系

奕奕现在叫名四岁了（2009年）。最早的时候，我们用天数来衡量奕奕的年龄，后来用月，现在就直接用岁了。其实奕奕刚过三周岁，不过我们这里不管大人还是小孩都按虚岁论，生下来就是一岁，过了年就大了一岁。所以有的人很有趣，恰巧是年前生的，生下来没几天就过年了，直接就两岁了，其实还没满月呢。奕奕现在每天都有变化，说话更流畅更有个性，动作更协调，学习能力和记忆力更强了，不过除了好的一面不断呈现外，令人担心的地方也越来越多，比如他对欲望的要求更强烈，对周围的攻击性在增强，对有危险性的尝试更大胆，等等。还有，奕奕现在越来越狡黠起来，比如经常编些子虚乌有的故事，讲起来还有鼻子有眼的，另外他还很会"演戏"给大人看，有时候是表现他受了委屈或者伤害，有时候则是模仿大人烧菜做饭之类。每次和奕奕在一起玩耍，我都会想到自己小时候的样子，虽然逝去的童年已经模糊，但那份感觉还是如此质朴和令人贪恋。

现在想来，奕奕除了刚开始去幼儿园的那一个月里，由于不适应集体生活导致的一系列反常举止外，其他时候表现都很棒。反观自己，在对待奕奕的时候就显得反复无常，有时候亲热有加，有时候又极其暴躁。都说小孩子的脸是六月的天，一会儿哭一会儿笑，一会儿乖一会儿闹，可是做父亲的我，在易变的孩子面前，又有什么成熟可言呢，还不是一样随着孩子情绪的变化在变化着，有时候甚至变得比孩子还要猛烈。经常的，我隐约在自己身上看到父亲曾经的模样：稍有不如意便大呼小叫，稍有异常便大惊小怪。可这是好的榜样么？这难道不是曾在我心中反复批判过的吗？现在自己做父亲了，我是该同情和理解呢，还是该继续批判呢？理解，我终于能够理解父亲曾在我和哥哥身上所展现的脾气；批判，我还是要继续批判下去，只不过现在批判的不是别人，而是自己。

自我批判的过程总有些揪心，但是每次冷静而客观的批判都能让我更加清醒，所以我在迷失的时候会很自觉地进行一番自我批判。在一次幼儿园的六一活动上，我被幼儿园的老师指定为家长代表做了一次发言。事前，我只知道大概要讲三分钟，至于发言的内容似乎并没有做要求，于是我按照自己的风格拟了下面一段讲话稿，从中也可以看出很多批判和自我批判的痕迹。

"首先祝绿城庆安幼儿园的所有小朋友六一快乐。这真是一个美妙的节日，可是在这个节日还曾经属于我们这一代人的时候，我并没有去珍惜它，不过，现在奕奕又带给我重温童年的机会，我想我不能再错过这纯真又美好的时光。感谢幼儿园老师能给我这个机会，想我在童年的时候，一直都是被老师重点看护的调皮捣蛋的典型，没想到今天可以在幼儿园里作为家长代表和大家说说话，这确实是一件很有趣的事。不知道坐在下面的小调皮蛋奕奕看到爸爸在上面讲话会是什么样的心情，也许奕奕还不懂，他的这份调皮正在被幼儿园的老师和阿姨们包容、呵护着，不像我小时候常常因为做一些所谓不乖的事而备受指责甚至歧视。所以,我应该替奕奕感到庆幸,他来到了一个幼教理念先进的幼儿园,遇到了敬业而开明的院长和老师,还有那些充满爱心的'白奶奶'(奕奕对那些身穿白褂子的看护阿姨的称呼)。"

"今年是奕奕应该记住的一年,毕竟第一次上幼儿园尝试集体生活不是一件容易的事。本来活泼好动的一个人竟然在初上幼儿园的头一个月里变得恍惚木然起来,饭吃不香,睡觉时候还老是在梦里喊'不要去幼儿园'。这不能不让我们家长感到担心,奕奕究竟是怎么了?将来会怎么样呢?不过,在我们困惑和不安的时候,幼儿园的老师给我们吃了定心丸,比如沈老师就经常很自信地安慰我们:'不要紧,孩子都是这样的,过了这段时间就好了。'我们做家长的当然希望这仅仅是个过渡期,但是过渡期不是更需要大人用心照顾吗?在这一点上,幼儿园的老师和阿姨们比我设想的要做得好,他们不仅自己耐心地照顾着奕奕,而且还诱导班上其他孩子帮助奕奕。那段时间,我过来接奕奕回家的时候,总有很多小朋友围过来告诉我奕奕的表现,还有一些小朋友,比如成成,常像大哥哥一样捧着奕奕的脸面带鼓舞地说:'以后不哭了。'看着奕奕在这样的环境里生活,我真的放心了。果然,大概一个月后,奕奕渐渐摆脱了恐惧,开始恢复了生气,那时候,我们真的很高兴地看到那个顽皮好动的奕奕又回来了。"

"在下午接奕奕回家之前,如果有机会,我都很愿意远远地观察奕奕以及其他小朋友的表现,我发现他已经在这几个月的幼儿园生活中从完全游离于集体到渐渐融入集体,以至于在最近的几次观察中,我发现奕奕显然把自己当作主角一样在回答老师的问题,这是我乐于见到的。不过,在奕奕开始学会在人前展现自我的时候,他那带有侵略性的男性特征也表露无疑。有段时间,我经常听到小朋友的告状声,有的说奕奕打了他,有的说奕奕推倒了他的凳子，有的说奕奕把水泼到了地上，有的甚至说奕奕把谁咬了一口。其实这些对我来说并没有什么值得奇怪的，因为这不正是我小时候常干的事吗？但是老师们会怎么看？会像我曾经的老师那样劈头盖脸地去斥责吗？很欣慰，因为我看到奕奕的老师们在这点上表现得很平静。确实，孩子的天性在某些方面是带有危险性，或者危害别人，或是危害自己，但这不是我们应该去抹杀孩子天性的理由，抹杀天性就等于抹杀了灵魂，我想谁也不愿意看见自己的孩子仅仅因为要求他乖巧而变得没有灵性，丧失个性，失去创造力吧。当然，孩子的破坏力也不容忽视，所以怎么样在发挥孩子天性的同时又保护他们不受伤害，这是需要我们大人用心的地方，在幼儿园，这就是老师的职责。通过前段时间的观察，我认为这里的老师有能力去把握其中的分寸，这是我们做家长值得高兴的。"

"现在的奕奕每天都会给我们带来惊喜，他认识的东西是同时期的我根本无法想象的。记得我在读书前曾诧异于一个和我同龄的朋友居然能认识"了"字了，当时我很羡慕他。可是奕奕呢，如果字真的和斗一样大的话，他认识的字可以装好几箩筐了，会背的诗都有十几首了，更让奕奕得意的是，他不仅会汉语，他还会美语呢，二十六个字母背得滚瓜烂熟不说，还经常能在生活中用上英文单词，什么 Hungry、Blocks 还有很多水果及颜色他都用美语说出来，当然他平常用到最多的是 Goodbye、Bye - Bye 还有 See you tomorrow。此外，在幼儿园里，奕奕还学会了很多常识问题，有的大人都搞不清楚的知识他都知道了，比如人身上有几块骨头，不知道在座的家长有几个能答出来的，不过我想奕奕他们就知道。奕奕能够学到这么多东西，关键是他越来越有兴趣去学习东西，这是和幼儿园的教育分不开的。在他们这个年龄段，有个好的老师，有个好的学习环境，那将是受益终身的。"

很碰巧，就在那段演讲的前两天，我正好在批判自己为什么在奕奕顽

与儿子一起努力

皮的时候要对他凶巴巴的。其实以前在没有做爸爸的时候我认为对孩子好一点是很容易做到的事,但是做了爸爸以后才发现完全不是那么回事。很多大人对待孩子的方式其实就两个字:简单。要么简单疼爱,要么简单粗暴。简单疼爱就成了溺爱,凡事都以满足孩子的要求为前提;简单粗暴则是遇到问题感情用事,不思考问题的起因,特别是不站在孩子的立场去思考。我自认为是一个爱思考的人,也是一个乐于向好的方面转变的人,但在奕奕面前,我还是没有克服简单粗暴这一关。这两个简单有时互为因果,因为溺爱养成了孩子的骄纵就想靠粗暴来扭转,反过来,因为粗暴伤害了孩子的感情又希望通过溺爱来安抚。当然这两种行为可能出自同一人,也可能不是出自同一人,不过,往往母亲或者长辈们偏向溺爱,而父亲偏好粗暴。其实不管溺爱还是粗暴,共同的特征就是简单,简单的背后是固执或者不用心,简单的结果是让孩子在最黄金的时光失去了被塑造的机会。

我们还可以站在孩子的角度来看看,当孩子长期在这种溺爱或者粗暴的环境下长大,他们会怎么样?他们会对溺爱感恩吗?他们会对粗暴尊敬吗?记得我很小的时候在黑白电视机里看了一场黑白电影,电影的名字我不记得了,只记得其中很多场面让我既同情又愤怒。那个主人公是一个反面人物,出生在一个贫寒的单亲家庭里,但却受尽父亲宠爱,父亲倾其所有将他送到贵族学校读书,希望他能因此成为贵族中的一员。不过主人公结识了学校里几个家里有钱的混混做朋友,慢慢地把自己也定位成了一个有身份的人,不惜一切赶时髦,充脸面。此时他的父亲已经无力再去满足他的要求,于是他开始不顾父亲的阻拦擅自变卖家里可以变卖的东西。事情发展到这里才是悲剧的开始,那个主人公仅有的良知也在欲望和虚荣面前显得越来越苍白。在一次混混之间的殴斗中,主人公被打得鼻青脸肿,此场景恰巧被正在街上收集破烂的父亲看见了,当父亲很心疼地过去安抚的时候,他慌张又无情地将父亲推倒,在那帮混混朋友疑惑地盘问下,他不屑地看着从地上挣扎着爬起来的父亲并讥诮地说:"这个疯子,谁认识他?"这个电影的结局我已经忘记,但这些已经足够让我触动,我很清楚地记得当时我哭了,即使要表现出所谓的男子汉的样子而看上去没哭,但我在心里肯定哭过了。我小时候总是被教育说不要哭,然而我现在觉得像害怕地哭或者委屈地哭这类因为软弱而哭确实不是一个男子汉的样子,但如果是当混沌的意识经受不住真情的涤荡而哭泣,那真是一件值得欣慰的事。我曾经看到过一些平时很骄傲的男人哭泣,每当遇到那种场面,我不会去惊动他们,更不会去嘲笑,因为那一刻对我们这些男人来说是神圣的。

爱就像一味珍贵的药,必须用得恰到好处,否则就成了多余甚至有害的东西。爱的付出,却换来悲惨的结局,这应该同情,但更值得反思。电影里那个被儿子抛弃的父亲是受害人,不过仔细想想,若不是他的宠爱扭曲了儿子的灵魂,也不会有这样的悲剧发生。所以儿子也是受害人,他人生的早期被溺爱替代了教育,注定要成为一个被社会唾弃的人。这样看,那些沉浸在溺爱环境中的人,如果身边有一个人能对他们粗暴些或许并不是一件坏事。现在,家庭条件越来越好,孩子越来越少,孩子被宠着是难免的,这时候就需要有人站出来平衡一下,比如父亲,出来抱怨一下这个偏向溺爱的环境,在孩子骄纵的时候抓住时机狠狠地教训一顿,这都显得有必要。其实我就一直在奕奕身边扮演过这么一个角色,有段时间我经常大声地呵斥奕奕,在他倔强的时候紧紧抓住他的胳臂冷冷地看着他使劲挣扎,我还拍打他的头和脸,甚至把他的屁股蛋抽打得像猴屁股一样红,我希望通过这些举动让奕奕明白他并没那么娇贵,当然,经不住粉饰的是,我在做这些粗暴举动的时候,有很大的原因是我控制不住自己愤怒的情绪,以及不知道除了粗暴以外到底该怎么做,虽然我知道一定有更好的办法。

| 与儿子一起努力

奕奕很幸运，他有一个好母亲，她不仅疼爱他，还懂得教育他。在我粗暴的时候，古黎会站出来制止我，在奕奕跑到妈妈那里"告状"的时候，她不会一味地袒护他，而是一面告诫我"打是没有用的"，一面用奕奕乐于接受的方式帮助他认识到自己的错误。古黎的示范作用是明显的，不但让我清醒很多，还给了我很大的启发。在此之前，我并非不知道粗暴之于孩子的危害其实并不亚于宠爱之于孩子，我也知道这两个极端都是在教育孩子方面不作为甚至是无能的表现，但是由于我沉迷于游戏，已经失去了最起码的耐心和控制力。很长一段时间里，尽管陪着奕奕的时间本来就很有限，可我还想着怎么样能快点打发这段时间然后可以自己玩游戏。在这种状况下，我显然没有精力去琢磨教育奕奕的事，碰到奕奕撒泼，我只能用更"泼"的方式对待他，一厢情愿地希望用这种简单的方式来敷衍自己做父亲的责任。事实一再证明了古黎的忠告：打是没有用的。有时候，我看着奕奕用力瞪着我的双眼，我仿佛看见了小时候自己被父亲责骂的样子。哎，尽管一个是儿子，一个是爸爸，但我们本是同样的人，同样的顽劣，同样的倔强，为什么要用自己都不接受的方式去对待和自己同样的儿子呢？终于在又一次失败的教育后，我决定不再沉迷于游戏，把精力腾出来做有意义的事，其中当然包括做一个合格的父亲。

可以说，一个父亲和孩子保持着什么样的关系决定了这个父亲是不是合格，如果父亲能够在这个关系上不断向好的方向突破，就有可能成为一个优秀的父亲。热衷游戏的那段时间里，我不是一个合格的父亲，我很少思考关于奕奕的事，常常习惯地用成人的思维方式去考量他，称心的时候我对他又搂又抱，不称心的时候我就像一尊铁面的菩萨，在奕奕面前我失去了分寸，或者随心所欲，或者无所适从。在我脱离游戏进入新生活后，我和奕奕成了朋友，我给奕奕讲故事，一起锻炼身体，一起学习科普知识，奕奕则用他独特的兴趣和视角将我带回到美好的童年时光。

02 家的感觉

"嘟!"

随着奕奕鼓起的小嘴发出这个有趣的声音,他的小手迅速地在他和妈妈之间画了一条线,我们都知道他的意思,他在说:"我和妈妈是好朋友。"妈妈问他:"爸爸和谁是好朋友?"奕奕想了想,在我和窗帘布之间画了一条线。在一段时间里,奕奕不认为我和他是好朋友,所以那时候我莫名其妙地和窗帘布成了朋友。在给奕奕买的书本里面,有一些关于判断谁和谁是朋友的内容,如果是朋友的就用笔在他们之间连上一条线。奕奕的外婆在边上陪着他判断的时候,经常在画线的时候伴着"嘟"的配音,于是这个动作就被奕奕模仿过来了。

"嘟",奕奕在铅笔和白纸之间画了条线,在牙刷和牙膏之间画了条线,在猴子和香蕉之间画了条线,在大象和奕奕之间画了条线。在我给奕奕讲的故事里面,我很老套地把老虎讲成了要危害人类的坏蛋,又把大象描绘成了保护我们的英雄,所以奕奕把大象当作了自己的朋友,把老虎当作了可怕的东西。不久前带奕奕去了杭州野生动物园，奕奕几乎对所有的动物都很感兴趣，惟独在老虎面前吓得不敢靠近，甚至连看一眼的勇气都没有，虽然那老虎被一条护栏和一堵厚厚的玻璃墙围住。可见他对老虎的恐惧已经深入骨髓了。其实我们都知道被圈养的老虎并不可怕，但是奕奕明显还不知道其中的区别，不过这却让我明白了两点，一是不要在奕奕面前随意表达观点，以免让他形成偏见；二是对于那些真正的危险，比如火、电、刀、水塘以及路上的车子等等，完全可以通过强化教育让奕奕警觉起来。

小鸟和鸟笼是不是朋友？我觉得应该是朋友，因为小鸟待在鸟笼里有吃有喝还很安全，但奕奕说它们不是朋友，因为鸟笼把小鸟关起来了，小鸟飞不出去了。对了，鸟的朋友应该是天空，是树林，不应该是一个没有自由的笼子。不仅鸟是如此，人类不也如此吗，谁会把禁锢自己的东西当作朋友呢，无论这种禁锢看起来多么豪华，多么温暖。那么家是什么？家在很大程度上可以比喻成鸟笼，固定、安全、有供给，但是我想谁也不愿意看到自己的家就是一个鸟笼。家肯定要限制一定的自由，但这个限制一定得有底线。这个底线在哪里，我现在还不能清楚地界定，但是我想至少不能因为家的存在而感觉到压抑吧。

以前作为孩子的时候，也总是厌烦被管住。记得暑假里，最难熬的是中午，从吃好午饭到父母上班去的那段时间。我总盼望着父母早点去上班，否则我就必须乖乖地躺下来睡午觉，虽然我总是难以入睡。不像现在，不让我午睡我会很难受，那时候，午睡对我来说就是一件令人不愉快的事。其实现在想来当时父母亲对我们的管理还是宽松的，正常的玩耍都是不需要经过批准的，最多就是听母亲说几句唠叨的话："不要乱跑，早点回来。"所以我的童年时光是丰富多彩的，根本没有现在孩子的所谓的压力，什么小河边里游泳，田里钓青蛙，河里抓鱼，还有抓知了和金龟子，至于那些和周围孩子一起玩躲猫猫之类的游戏，那更是少不了我的。不过这不代表我们可以为所欲为，有的事情父母管得很严，比如晚上睡觉的时间，早上起床的时间，还有就是一些危险的事情不能做，比如玩火就是绝对禁止的。

可是虽然知道父母亲明令禁止，但我和哥哥有时候还是会去做些出格的事情。有一个寒假里，我跟着哥哥的几个朋友去了附近一座名为凤凰山的山腰里，在一块开过石矿的地方烤年糕，正当我们兴致勃勃的时候，突然一阵山风刮过，火苗立刻串起很高并燃着了石矿边上的毛草，吓得哥哥他们赶紧脱衣服灭火，我在一旁也看得心慌慌的。虽然火被及时灭了，但我们也没心情吃年糕了，赶紧逃离现场。事后我一直后怕，想着如果火扑不灭，烧起了整座山那该怎么办？不过这件事情还没有让我充分明白火的危险，在之后的几天里，我和一个隔壁邻居的伙伴又烤起了年糕，这次没敢到山上，选择了小区里面一户人家的鸡窝边上，没留意一下子把那个鸡窝棚烧了起来。所幸的是，这时候正好赶上了大人们下班回家，大家看到这场景赶紧端水把火给灭了。从那以后，我再也不敢烤年糕了，对于火，也终于认识到其危险了。

还有一次，是暑假里，邻居的玩伴们都喊着要去凤凰山水库游泳，我和哥哥也很心动。此前我们从来没去过水库游泳，因为父亲不让去，说那里水深，有水草，很危险。通常我们去游泳的地方都是固定的，在山边上一条小溪的弯道处，我们称作"第一座桥"的地方，那里水深仅到腰身处。没见过深水的我当时很想去水库玩玩看，于是就和哥哥商量着与那批邻居的孩子们一起去。为了担心父母的阻拦，我们决定不告诉父母，偷偷去。也许是那帮孩子动静太大，还没等我们出发，父亲就发觉了，并且一声喝止就把我们拦了下来。听着父亲的一堆关于危险的道理，我愤恨地看着他，嘴里喃喃抱怨："他们都能去，我们为什么不可以。再说还有救生

| 与儿子一起努力

圈呢。""救个屁！水库里水那么深，要是被什么拌住了，神仙都救不了你。"父亲火了。我看见他真火了，也就知道没戏了。父亲的很多话并非危言耸听，只是当时我们生活经验少，危险意识过于淡薄，因此对父亲的担心总是不能理解。其实每一年，我都听说附近有小孩偷偷玩水而溺水身亡的事，后来想起父亲不让我们去水库游泳的事，还是感觉挺幸运的。

孩子向往的自由往往是无极限的，这是孩子的天性。我们作为过来人，应该理解这种天性，同时也要警惕这种天性可能给孩子带来的伤害。但问题是如何在自由和约束之间取得平衡，这个度的把握是很难的。我们那一代人里，因为家里都有兄弟姐妹，独生子女很少，我发现除了独生子女外，父母亲对孩子的看护还是宽松的，这里大概有两方面的原因，一是孩子多必然管不过来，二是父母觉得年龄稍大的孩子可以照顾年龄稍小的孩子。但是独生子女就不一样，我还是孩子的时候，身边为数不多的几个独生子女几乎很少出来玩，平时不知道，暑假寒假这些属于孩子的日子里，大人上班的时候，这些独生子女通常是被关在家里独自玩耍的。有时候，我会趴到这些孩子的窗户边问："出来玩呀，待家里干什么？"空荡荡的房间里传来这样的声音："门锁住了，出不来的。"

不过那些被关在家里的孩子也有让我羡慕的东西，因为他们总是拥有很多玩具，像小汽车，机器人，还有那种有轨道的电动火车最让我垂涎。大概是因为独生子女的抚养负担相对较轻的缘故，所以除了拥有较多的玩具外，他们的零食似乎也特别多。但是羡慕归羡慕，真要我和他们换换位置我还真不愿意，因为整天闷在家里，虽然有吃有喝有玩也一样觉得不快乐。倒是我们这些自由自在的孩子，虽然少了些五花八门的玩具和零食，但我们每天碰到一起就能想着法的搞点玩法出来，每天都很期待，每天都很快乐。不知道那些关在家里的孩子，听到窗外嘻嘻哈哈、叽叽喳喳的笑声、打骂声，会是什么感觉。

84

和我们那一代不一样，现在的孩子都是独生子女，奕奕也是。奕奕今后的童年会是怎么样的呢？不过，这似乎不取决于奕奕，反而是我们家长的态度才是关键。假如奕奕是一只小鸟，那我不能把家变成一个鸟笼。那么家应该是什么样的呢？小时候母亲经常说"金屋、银屋，不如自己的茅草屋"，当时我并不理解这句话的意思，总觉得再怎么，金的银的也比草的要好吧。长大以后，尤其是在外面待过几年后，我才发现只有在家里才有真正的安全、舒适和无拘无束，只有在家里，才有纯粹的、毫不计较的关爱。当然，我也知道这样的表述也许对某些家庭来说有些言过其实，但是我愿意这样表达，就像我们在外面偶尔碰到难得的关爱，或者偶尔在某个场所感到安全和舒心，我们总是会说"真像家里一样啊"。可见家是一个多么独特的地方，它的宝贵不是用金银可以衡量的。可惜的是，虽然家很宝贵，却还是有很多人不知道去眷恋和珍惜，这有个人懂与不懂的原因，也有家庭本身的原因。很多家庭虽然付出了很多，但是却因为忽视了家庭成员的自由，太多的约束反而让人产生一种想挣脱，想逃离的感觉。是啊，自由才是人类精神层面上的第一需求，没有自由感，其他不管什么看起来本应该很让人稀罕的情感就成了可有可无的了，这就好比没有了温饱，给你再多的金银财宝你又能高兴到哪里去？

所以，虽然没有限度的自由是不可能的，也是危险的，但没有自由则是万万不能的，这些不管对成年人还是对孩子都是一样。而孩子与成年人的主要区别之一是孩子缺少关键时刻的控制能力，所以在给孩子充分自由的同时还必须加以关照，确保孩子不会因为过度的自由而受到伤害。我现在的观点是，在确保奕奕安全的前提下任其自由，并抓住机会给予引导，帮助他学会在自由的空间里自我控制的能力，具体地说，就是让奕奕学会累了就要休息，不懂了就要学习等等。

03 自由和追求

自从去外面读大学后,我就一直处在自由自在的空间,尤其是工作以后,更是随心所欲起来。父母亲对我管得越来越少,一来他们知道管不了我,二来他们也渐渐对我放心起来。的确,在大多数情况下,我能管好自己。

不过自由的感觉固然好,但因此而忽视了潜在的危险,那就离地狱不远了。通过各种媒体我看见过很多曾经拥有美好生活的人,因为一步不慎便堕入深渊,或生命不再,或跌入囚笼,或妻离子散。这里我并没有吹嘘自己阅历丰富的意思,其实我所亲历的事情实在算少的,不过我似乎有一种从别人身上看到自己影子的本事,这让我对那些发生在别人身上的悲剧记忆深刻,以及颇多感想。也许正是因为这点,我能够在享受自由的时候一方面珍惜自由,另一方面保持警惕,尽量远离危险。

其实在自由的环境里反而是很难让人满足的,甚至总是让人觉得无所事事,不像那些没有自由的人,只要给他一点自由的空间就会让他欣喜若狂。这就好比一个饥饿的人，一个馒头就足够让他垂涎，但对于一个衣食无忧的人来说，他挖空心思去想的可能是"今天吃什么好呢？"所以，山珍海味面前人们往往会失去胃口，而自由的环境里人们反而会空虚起来。放大了说，那些处在让人羡慕的生活里的人并不一定觉得生活有多美好。"珍惜"这个词，很好理解，但是很难做到。我想只有懂得珍惜的人才会有恒久的满足感，因为他们知道自己拥有很多宝贵的东西，知道守护这些宝贵的东西不让它们失去，比如亲人、爱情、朋友、安定、和平、温饱、健康等等。当然，我们同样有无数个理由去不断追求。是啊，追求和珍惜就是人类的两个不可或缺的灵魂，没有追求的珍惜是苍白的，而没有珍惜的追求又是无谓的。

在空前繁荣、发达、自由的今天，我们在追求着什么？我又在追求着什么？过去的一个又一个形形色色的追求已经在岁月流淌中淡忘，也许是因为那些追求心血来潮、昙花一现，抑或是过于不切实际而无法坚持，细细想来，至今在我的脑海竟然没有留下一个值得回味的追求，我所拥有的一切似乎都来得那么自然。看起来我应该为此庆幸，实际上我却常常为此烦恼。战乱年代，一个人可以很自然地去追求生命、自由和和平，可是在当下这个文明的时代，在这个开放发展的国度里，在已经有房有车堪称富裕的生活中，还有什么是我值得追求的呢？

财富？权力？地位？这几个大概是奴隶社会以来就成为男人身份象征的东西原本应该是最恰当的追求目标，可是我始终没有明白这几样东西真正能给我带来什么样的益处，用有点夸张的话讲，目前我还区分不出追求财富或者权力的结果和去追求灭亡有什么本质的区别。财富和权力，就好比舞者脚下的那双鞋，就好比工匠手里的那把尺子，就好比武者背上的那柄剑，当有一天他们炫耀起舞鞋的华丽，尺子的精准，宝剑的锋利的时候，就很不幸地走向了没落，因为这意味着他们曾经最值得依仗的东西已经被浮华取代了。是的，舞者们因为他们日益绚烂的舞姿而不断更换着越来越华丽的舞鞋，工匠们因为他们的巧夺天工的艺术品而不断更换着越来越精准的尺子，而武者们则因为他们日益精进的武艺而不断更换着越来越锋利的宝剑，也许他们是为了追求更华丽的舞鞋、更精准的尺子、更锋利的宝剑而在不断提升自己的技艺和价值，但是他们可曾忘记，他们拥有的技艺和价值却不是因为哪双舞鞋，哪把尺子，或者是哪柄宝剑，他们真正值得拥有和依仗的恰恰是他们自己创造的东西，是他们的舞姿、工艺、武技，以及心中的那份自信。

大多数人追求的目标其实远不如他们追求的过程那么有价值，这在我看来就是一个笑话。笑话？难道不是悲哀吗？好吧，我承认我在这里犯了一个不可饶恕的错误，把发生在别人身上的悲哀当作了笑话。不过，这并不完全是别人身上的事，自己不是也曾经浑浑噩噩多少年，不知道该追求什么吗？所以这即便是个笑话，那也是更多的拿来嘲笑自己吧。回想自己曾经设定的那些名目繁多的目标，无非就是要挣多少钱，要做什么样的官，还有就是要在某个领域获得什么样的地位、名次等等，始终没有从名利崇拜的价值观中摆脱出来，该笑。可是笑完了我们必须面对现实：为什么现在一谈到追求、理想，我们的脑子里总摆脱不了那些名利和地位？

其实每个人的小时候都有崇高的理想，记得幼时的我每每被问及长大了想干什么，我都会说"要当科学家"，还记得身边的那些玩伴，也都是张口就来的，要么发明家，要么宇航员，还有的就是要往"神圣"的职业靠拢，比如医生、教师之类，大体都是为国争光，为社会做贡献。尤记小学时候一个同学说出"要为全人类的和平奋斗"，赢得老师阵阵夸奖，当时的我并不明白这个理想高在哪里，后来看来这确实比一般的崇高还要高上很多个境界。我的哥哥小时候的理想是做一名军人，那时候，立志参军也是不少男孩标榜的，不过这对我没一点吸引力，我总觉军人又苦又累，还要随时准备牺牲，想想心里都咯噔。

也许是因为大人们的引导，孩子们多少都有些崇高的意愿，但往往也是因为大人们的误导，大多数孩子们又与崇高渐行渐远。看看现在的大人们，崇高在他们眼里似乎成了一种讥诮，由此不难想象，孩子们的将来会如何看待崇高。不得不承认，如今在处处用钱和关系去铺路的现实面前，崇高显得很无力。标榜崇高的人做着不高尚的事，做了高尚事的人往往不屑于戴上崇高的帽子。崇高就好比一张虎皮，虚伪的人拿它撑大旗，实在的人却喜欢把它坐在屁股下，免得被人当作虚伪者的"嫌疑犯"。再看看时下，那些崇名、崇利的人们总是活得很潇洒，而那些做着高尚的事的人却常常被讥讽为傻瓜，那原本希望崇高的孩子们还有几个愿意坚持那份崇高的意愿呢？崇高被置于这种地位，这是不是又是一种悲哀呢？

喜剧界有个明星叫范伟，从小品《卖拐》开始看好他，很快成为我最欣赏的演员。在和本山大叔的合作中，范伟逐渐形成了自己的风格：不傻却憨、弱而示强、挫而执著，用这个风格演绎的喜剧，总是能让我从骨子里笑出来，让我若隐若现地看到自己曾经一路走来的样子，我想这正是范伟独具的魅力，是赵本山、葛优等众多大牌喜剧明星不具备的。值得一提的是，范伟的众多作品中，和本山大叔合作的作品固然堪称精彩，但真正展现范伟魅力的却是他独自演出的几部影视作品，比如电影《即刻启程》，电视剧《雷哥老范》、《老大的幸福》等等。今年，也就是2010年春节上来的一段时间我的晚间生活就是打开电脑在网上看范伟主演的那两部电视剧，一集一集，从头到尾，分秒不落。很难想象，我这么一个挑剔的观众，竟然这么投入。为什么要在这里提到范伟呢？那些看过范伟影视剧的人有没有和我心有灵犀的呢？难道不是吗，在这些影视剧里，范伟用他熟悉的身姿和语言让我们开怀大笑的同时，还在努力地劝导人们摆脱庸俗。在《老大的幸福》中有这么句台词反复出现："别把挺高尚的事整庸俗了。"我想，这必然是范伟把握人物的精髓所在，也正是"傅老大"这个人物被演绎得超凡脱俗的关键所在。因为这个幸福的时代在高尚这一点上有点别扭，标榜庸俗一定被人骂，所以挺庸俗的事总希望往高尚里整；而标榜高尚也要被人嘲讽，所以本来挺高尚的事却整庸俗了。这么看，高尚的事情不整庸俗了还真难，不过范伟演得好，好在他给了我们一个大家都认可的高尚的形象。其实倡导高尚的影视作品不少，但真正能让人觉得高尚的又有几部呢？所以我还要夸一句：范伟了不起。

不可否认，人生来都是不高尚的，都是自私的，这是人的动物性所决定的。所以，只有当人类学会了思考后才慢慢懂得了高尚，才慢慢将高尚列为应该崇敬并效仿的目标。随着社会的进步，高尚的内涵也在不断修正和拓展，但我想，高尚这个词的基本定义始终是一致的，那就是超越了基准道德的道德，也即高水平的道德。比如针锋相对只属于基准道德的范畴，而以德报怨就超越了基准道德而可称为高尚。又如互相帮助是一种基准道德，但助人为乐便是一种高尚。人类文明发展到今天，高尚的内涵已经很多很多，除了以德报怨、助人为乐，还有见义勇为、敢于担当、拾金不昧、鞠躬尽瘁等等，在这些众所周知的高尚之外，我想特别提一种高尚，那就是"傅老大"式的充其所能，以为社会服务为幸福。当然，在现实社会中很多看起来高尚的行为却往往不是真的高尚，原因就在于那些行为中掺杂了很多作秀的成分，这也许是高尚被整成庸俗的一个重要的原因，也许也是很多人对高尚嗤之以鼻的原因吧。其实，真正的高尚是不需要标榜的，那必定是自觉自愿的行为，也许某个高尚的行为碰巧会引起轰轰烈烈的反响，但这是可遇而不可求的。不过，就像人无完人一样，世上也难有纯粹的高尚，所以不必拿纯粹的高尚来做要求，只要我们在思想和行为上尽量向高尚靠拢，那我们的精神生活一定是有追求、有品位的。

如果把我们的精神生活比作一座大楼，那么那些向往高尚的人就活在这座大楼的顶端，那些符合基准道德的人可以活在这座大楼的中间，而那些只满足于道德底线的人就只能活在这座大楼的最下层，还有那些连道德底线都不遵守，即违法犯罪的人就注定要被精神生活的大楼所抛弃。当然，你能活在这座大楼的哪里完全由你自己决定，即使那些曾经被这座大楼扫地出门的人，只要能幡然悔悟，那他们也一样可以活在这座大楼的最顶端。

04 向往高尚

　　我应该算是一个向往高尚的人，虽然我嗓门很大喜欢爆粗口，虽然我有时候大大咧咧光着膀子在小区里走，虽然我也常看武藤兰、饭岛爱，但是，一贯以来对家庭的责任感和对社会的使命感已经把我渐渐塑造成了一个向往高尚的人，上进、坦诚、敢担当、不弃不馁勇于挑战、热爱和平、关爱地球等等，诸如此类的高尚品质在我身上不难找见。我为现在的精神状态感到愉悦，没有纠结和负担，活得坦荡很自在。更重要的是，我能感觉到将来的生活会更美妙。有一次，我和古黎带着奕奕去肯德基玩，在我给奕奕量身高的时候，有个五六岁的小女孩主动过来和我搭讪，于是站在一旁的古黎说："你还蛮讨小孩子喜欢的嘛。"我自豪地回答："因为小孩子能看得出来我和他们是一样的，纯真又无邪。"

　　我在成年人堆里总是不苟言笑，但是和孩子在一起，我却表现得比孩子更像孩子。和奕奕在一起的时候，我会和他一样趴在地上玩，会模仿童音和他吵架，会想出各种各样的游戏来玩，有时候我像个弟弟，更多的时候我表现得像个哥哥。奕奕甚至经常要求和我互换角色,让我假扮他,他来做爸爸,让我在打针的时候哭,让我接受他的批评。像孩子一样和孩子一起玩对我来说是一件很自然的事情,但是出于日益强烈的做父亲的责任感和对儿子的期望,在奕奕面前我也时不时会表现得像一个严父。

现在的孩子不得了,大概是被疼坏了,骂不得、说不得,稍不如意就和你急眼。更要命的是,一旦孩子发威,不管有理没理,总有个人会诚惶诚恐地跳出来安抚这个"小皇帝",做他的护卫,做他的挡箭牌,日子长了,搞得孩子真把自己当作"小皇帝",并且在家人面前越发有恃无恐起来。每个人生下来都和其他动物一样,要尽量维护自己的利益,动物们最关心的是食物,所以它们护食的特点就很明显,孩子较动物更甚,不光护食,凡是他认为属于他的东西,他都要维护,轻易不让其他人占有或者分享。奕奕也不例外。有一次,奕奕手里拿了一块哈密瓜一边吃一边走到我身旁想和我一起玩,我像一个坏孩子一样一把抓住他的小手并把他手里的哈密瓜塞到了自己的嘴里。我边嚼着哈密瓜边得意地笑着,奕奕有点委屈,跑到外婆那里去告状。过了一会儿,奕奕又拿了一块哈密瓜,又跑到我边上来玩,很坏的我又一次从他手里抢来了哈密瓜,并哈哈大笑着。这次奕奕不干了,开始挥着巴掌朝我脸上打来,一边打一边忍不住哭起来,越哭越凶。

奕奕一哭就容易吐,特别是刚吃完东西的时候,那时候刚吃好饭,大家看到奕奕哭成那样,都赶紧过来劝慰,惟独我一个人在旁边冷冷地看着。像孩子一样和奕奕吵架甚至打架在家人面前已经是很平常的事,而且他们也知道责怪我是徒劳的,因此大家只是在想办法让奕奕别哭。这时候外婆说了句话特别引起了我的注意,她对奕奕说:"爸爸抢你东西,你不要哭,你要对爸爸说'你喜欢的话我再帮你去拿'。"奕奕显然不能理解外婆的用意,不过这却突然激发了我的兴趣。我马上接过话茬对奕奕说:

"对啊对啊,如果你真的能这样做的话,那你就比《孔融让梨》故事里面的孔融还要厉害十倍呢。"

奕奕能背诵很长一段的《三字经》,因此对孔融让梨的故事很熟悉了,不过当他听了我的话后并没有太大的触动,只是眉宇之间少许有些好奇而已。等到奕奕停止哭泣,我又不依不饶起来。"融四岁,能让梨。如果奕四岁,能让爹,那又是一段千古佳话呀。"看着儿子迷茫的眼睛,我继续逗着儿子:"你这么喜欢演戏,我们就来演场戏吧。现在你拿着这块哈密瓜,我还是来抢,完了你说'爸爸,你喜欢吃我再给你去拿'。"本来我觉得不过是一场戏而已,奕奕应该能接受,而且如果真的演下来的话一定很搞笑,可是奕奕说什么也不愿意配合。是啊,也许从他手中夺取他喜欢的食物实在是一件不能容忍的事,哪怕有再堂皇的理由。

大多数人喜欢护着自己的孩子,对其他孩子却诸多苛责,我恰相反。我喜欢刺激奕奕,喜欢违背他的意愿,他因此而哭的时候我会更严厉地呵斥他,我不喜欢一个软弱而娇滴滴的儿子,更不喜欢儿子稍不如意便大呼小叫,我把这种期望落实到了行动,奕奕因此有些畏惧我。老婆有时候会责怪我对儿子太凶,她想当然地猜测我小时候也受过这样的"虐待",其实完全不是这么回事。我小时候特别能揣测父母的心思,所以我在父母那边根本不会吃亏。我哥正好相反,他心思耿直,常被父亲称作"一条筋",因此我们俩兄弟惹出来的纠纷不管谁对谁错,我都能"巧妙"地把黑锅扣到哥哥的头上。奕奕和我一样,天生有察言观色的本事,懂得借用大人的心思,懂得利用哭泣来达到自己的目的,这才是我不能容忍的,就好比曾经不容忍自己一样。我花了很长的时间才让自己学会不要小聪明,不要小性子,所以我希望把奕奕那些坏毛病都扼杀在摇篮里。

很多时候,我的面部表情有些呆板,但我不是一个铁石心肠的人。大多数哭泣打动不了我,因为它们太假,太有目的性。深入情感的东西,都是不愿意被人发现的，而这才真正打动人。今年初夏时分，为了抵挡蚊子骚扰，我们从网上买了副蚊帐，和老婆两个人装了个把小时才装上，本以为可以安稳地睡觉，不想这蚊帐到了深夜总是会漏进来几只蚊子，奕奕因此被咬得东一块西一块，很是讨厌。于是老婆提出来把去年的蚊帐拿出来用。去年的蚊帐买来的时候就有缺陷，有个配件不匹配，所以蚊帐搭起来虽然能用但是不美观，老婆不能容忍。这次老婆想用新蚊帐的配件替换旧蚊帐，也许可以解决问题。又是一个晚上，我们开始着手换蚊帐，拆新蚊帐，换旧蚊帐，期间诸多烦恼，配件太多混淆不清，加上天气闷热，整个人变得很烦躁。好不容易就要把旧蚊帐装上去的时候，我们发现配件还是不能匹配，于是又得拆下来，还是得装上新的蚊帐。这时候原本在客厅玩耍的奕奕跑过来凑热闹，把已经一团糟的现场搅得更加糟糕。开始我还能压住怒火好声劝告奕奕，要求他独自在外面房间玩，屡劝不听后我终于怒火中烧。当奕奕在放置地上的蚊帐里滚做一团玩得兴起的时候，我爆发了，一下从床上跳下来，抓住奕奕的双手大声呵斥："滚出去！"奕奕被这突如其来的景象吓住了，当我发完火重新爬到床上安装蚊帐时，他一言不发地走了出去，我立刻意识到刚才的行为可能伤害到了他。于是我赶紧又从床上下来，跟了出去。果然，奕奕躲在一边抽泣，看见我过来，还以为我又要训斥他，努力忍住不让眼泪流下来。看见他这个样子，我自己差点哭出来，立刻蹲下将奕奕抱在怀里，一边抚摸着他的脑袋，一边向他道歉。奕奕因为我的道歉很快平复下来。当我重新回去安装蚊帐时，老婆略带嘲讽的对我说："你总是这样，这里要发脾气，那里又要道歉。"我无言以对。

养不教，父之过；教不严，还是父之过。尽管父亲有教育及严格教育的权利和义务，但这终究不是一个父亲能够对孩子发火的理由。我想，父亲对自己孩子发火无外乎两个原因，一是默认自己无能教不了孩子，二是为此前在教育孩子方面的失职埋单。确实，没有不好的孩子，只有不好的

与儿子一起努力

父亲。孩子不管做了什么，无论是好的还是坏的，我们都无权给他定性，我们能做的只是引导。一个好的父亲不光要知道将孩子往何处引导，还要知道如何引导并且付诸行动。比方我想把奕奕往高尚里引导，我可以用自己的理解去诠释高尚并加以灌输，但我不能用不高尚的方式要求他向往高尚。

我有许多高尚的品质，同样我也有许多与高尚格格不入的恶习，比如粗暴、迁怒、不够耐心、遇事不顺容易发脾气，等等。很多时候，我在奕奕面前放纵着自己的恶习，蛮横地要求他礼貌待人，粗暴又夹带威胁的语气要求他做事耐心，有时候我是没有控制自己的情绪，有时候我是尝试用暴力的方式塑造奕奕，但归结起来，我就是在用不高尚的方式要求奕奕学会高尚。看着奕奕幼小迷茫的眼睛，我仿佛看见我自己，这时候我变成了奕奕，我又一次次体验着莫名其妙的训斥，想起了那一张张曾经在我面前以教育者自居的各色各样的脸：凶巴巴的、冷冰冰的、不屑的、嘲讽的……我在干什么呀？几乎每次"虐待"后我都会反问自己，为什么老是用自己都不能接受的方式去要求奕奕呢？我这是在教育还是在泄愤啊？奕奕是我的孩子，是我的至爱，经常地，我只要想想他可爱的样子都会忍不住笑出声来。可是我那么爱他，为什么在他面前我还那么吝啬自己的笑脸？

所幸我仍向往高尚，所幸我一如既往地反省，所以我愿意并且能够不断纠正自己。有首歌唱得好，她经常提醒我改变自己：

（大人）每次我想更懂你　我们却更有距离
是不是都用错言语　也用错了表情
其实我想更懂你　不是为了抓紧你
我只是怕你会忘记　有人永远爱着你

（孩子）请你听听我的真心话

你每天看着我长大

但你是否了解我内心矛盾的对话

你板着脸孔　不屑地对着我看

我的视线没有勇气　只好面对冷冰冰的地板

这就是你 这就是我　我们之间的互动

何时开始慢慢　加以冷藏　加以冷冻

我好想逃　我好想躲进一个洞

我需要真正了解我的人　为我进行解救

05 我们都缺少内涵

人们常说在孩子面前要为人师表,这话很堂皇,但我怎么听着都觉得别扭,老让我想起假模假样来。当然,我不是说在孩子面前应该肆意妄为,我只是觉得做人要真实,不要把孩子当作可以欺瞒的对象,要平等地对待孩子。事实上,孩子们总能或多或少地察觉到大人的异样,也许因为各种原因不能用语言表达出来,但这恰恰是我们更需要注意的。为什么孩子稍微长大就会表现出所谓的叛逆?又为什么孩子的叛逆表现往往会越来越强烈,而这个叛逆期又会那么长?我觉得关键的原因正在于我们长期忽略了孩子的洞察力,长期用各种方式搪塞孩子的疑问和发现,而这种因为对孩子精神上的压制所产生的矛盾必然会因为孩子的渐渐长大而爆发出来。

我们要求孩子诚实,自己却有着各种理由去编造谎言;我们要求孩子知之为知之,可自己却喜欢在孩子面前冒充无所不知;我们要求孩子珍惜时间,自己却终日挥霍光阴……也许我们的要求都很正当,但我们可曾反思过，我们的这些要求在我们自身行为的参照下对孩子能产生多大的教育意义呢？或许负面的影响更甚些吧。所以我们要教育孩子，首先要反思自己的行为，要求孩子做到的事自己首先要做到，这叫以身作则，而不是为人师表。一个缺少内涵的人，再怎么装也增加不了内涵，即使在孩子面前也难免露出尾巴，倒不如甩掉架子，和孩子一起平等地游戏、学习、探索、进步。

知道吗，与对孩子的期望比起来，我们都缺少内涵。认识到这一点对我们转变观念很重要。你期望孩子成龙成凤，你有让孩子成龙成凤的内涵吗？也许你对孩子没有过高的期望，但你至少会期望孩子会比你好吧，那么你为什么自己不能做的比现在更好而要期望自己的孩子做到呢，这不是已经承认了自己内涵不够而做不到吗？如果我们在期望孩子的时候总是天花乱坠，对自己又少了几分自知之明，那么我们在和孩子相处的时候就难免失去分寸，结果失望的是自己，受伤的是孩子。

我对奕奕有很高的期望，因为奕奕很健康很聪明，当然更重要的原因是他身边有一个愿意和他一起努力的父亲。有人也许会认为：好孩子都是教出来的。我觉得不对。光是"教"只能教出乖孩子，即有一定约束性的孩子，但是要培养出好孩子，"教"只是一种引导，主要还是看孩子自己的努力。努力这个词感觉起来似乎很沉重，其实不然，对于孩子而言，努力是再自然不过的事情。孩子从生下来开始就在努力，努力学会适应生存，努力探索周围的一切。所以我认为努力也是一种本能，这点和其他动物没什么区别，只不过绝大多数动物一生都在为生存而努力，但大多数人因为无生存之忧到后面慢慢放弃了努力，过着得过且过的日子，这又有点像动物园里的动物了。

五岁的奕奕早就学会了吃饭、走路、说话，也学会了与人沟通，奕奕喜欢学习，喜欢问"为什么"，渴望明白一切。现在的奕奕已经有了很多

| 与儿子一起努力

心思，成人有的羞耻心、荣誉感他都有了，但是该为什么而感到羞耻，该为什么而感到光荣他还很迷茫。所以奕奕仍如一张白纸，接下来的日子我会引导奕奕怎么描绘这幅人生画卷，而动手的人不是别人，是他自己。

说到绘画，我很惭愧。要说音乐，尽管不识乐谱，但我至少能听能唱，但论绘画，却是一头雾水，即不能欣赏，更不会画。小时候学校里有画画课，我不喜欢，别人画块手绢有山有水，我画的却犹如一张烤糊的大饼。至今，我仍不敢抬笔作画，感觉实在太埋汰自己，像我这样皮厚之人也不堪忍受。奕奕在绘画方面的表现也不比我好多少，喜欢用新纸，不厌其烦地去"糟蹋"新纸，不过他倒很陶醉其中。我有点心疼那纸，因为我讨厌浪费。不过话说回来，如果我现在像奕奕那个画法应该定性为浪费，但对于奕奕来说，那应该算一个正常的过程吧。

人生就好比在一大卷新纸上绘画，过一天就少了一页新纸，却多了一页回忆，有的回忆津津有味，有的回忆却犹如那张烤糊的大饼般不堪忍受。如果把那种不好的回忆视作糟蹋，那么谁在自己的人生道路上没有糟蹋过自己？只是在不同的人生阶段糟蹋自己的方式不一样罢。成年的时候是放纵着自己而糟蹋自己，而幼年的时候则是违背自己的意愿糟蹋自己。成人的放纵就不必多说了，无非闲聊、棋牌、歌厅、酒吧、游戏这些。孩子也有所谓的放纵，可我觉得孩子不管怎么随着自己的性子做事都不算糟蹋，因为他们还没有人生的标准，需要在各种尝试中去品味人生以及确立自己的人生观，其中就包括放纵。当然放纵会给孩子带来更多的危险，但是不要忘记，在正确的引导和帮助下，孩子同样能在这些危险中学习到摆脱危险的方法，甚至早早地建立起安全意识，为将来受益终身。所以，一个对自己对孩子都有信心的父亲是不应该害怕孩子放纵的。相反，如果孩子习惯了违背自己的意愿做事那才是糟蹋孩子自己。

现在，是一个充满更多安全隐患的社会，是一个需要更多拼搏的社会，是一个把自己的孩子当作宝贝的社会。我当然也把奕奕当作宝贝，但是这个宝贝可不是用来珍藏，更不是用来炫耀的，他是我生命的延续，甚至比我自己的生命还要珍贵，我当尽力用自己的生命照亮他，但他的路还要他自己去走。不过有些孩子没有奕奕那么幸运，他们似乎不是为自己活着，活得一点不轻松，为了些所谓的危险放弃了自由和探索，为了些所谓的荣耀学会了撒谎和做作，为了些所谓的理想选择了违背自己，在我看来，那些孩子在糟蹋自己的童年，但是该谴责的不是他们自己，而是那些口口声声称他们为"宝贝"的人。

因为有我的保护，我相信奕奕将会有一个非常快乐和充实的童年。不过，在为奕奕感到庆幸的同时，我必须感谢我的父母和哥哥，是他们的照顾和保护，让我也拥有过一个快乐的童年。每每看到奕奕"咯咯"的笑脸，我总会留恋起自己的童年时光：一大堆孩子满世界地捉迷藏；和哥哥一起田里钓青蛙、抓鱼捞虾，小溪里光屁股游泳；过年时缠着母亲要打爆米花；买一串"万紫千红"（一种小鞭炮，导火索燃烧较慢，适合在手里点着了再扔出去玩）一路走一路放；还有寒假里和父母一起窝在家里一整天一整天地打"红五"。其实一个人在做孩子的时候并不会真正感受到童年的好，而童年是否美好往往只有在他建立了自己的人生观以后才能评说。就像我自己，小时候就觉得时间过得好慢，一点不觉得童年如何好。但是现在呢，看着时光如此飞逝，恨不得踩着刹车过日子，可是这刹车又在哪呢？吁……幼年时候平淡无奇的事情现在想来都很珍贵，所幸我仍有童心，仍有不受羁绊的意志，更所幸我有奕奕，虽然没有了童年，但一样能感受到童年的快乐。

其实岂止童年，逝去的时光都是珍贵的。大多数人只有在失去以后才会想到珍惜，拥有的时候却总是习以为常，所以那些平常里就知道珍惜的人会显得不俗，尽管他们没有显赫的地位，没有令人羡慕的财富，但是他们总能感到快乐，因为他们参透了珍贵的本质：不在绚烂中，尽在平淡里。看看我们拥有的：人类、家庭、和平、自由、健康、便捷的通讯和交通、干净的水、不间断的电、丰富的饮食、多彩的资讯……只要我们细心体会，有太多东西都是我们无法割舍的。有人老是梦想天堂，可是我不相信他们到了他们所梦想的天堂就会感到快乐，不过就是换一种糟蹋的方式吧。如果你是一只任人宰割的绵羊，如果你生活在战乱的伊拉克或是贫穷的肯尼亚，如果你经历过文化大革命或者是更早的鸦片战争，如果你还是个之乎者也的古人，你梦想的天堂会是什么样子，会比我们正过着的生活更好吗？所以，只要我们眼里少装些喧嚣和奢华，多从平凡处寻找珍贵，我们一定会更懂得珍惜，也会更懂得快乐。

06 固执与狭隘

前不久和家人在一起吃饭,我打了个比方:如果你有一亿元钱,并且可以用它来买一百年的生命,你买不买?答案是"那肯定买啊"。那再算一算,这样大概一天值多少钱,一年365天,十年3650天,一百年36500天(算到这里一想,人生不过三万来天而已),那么这样折算下来,一天大约值三千元钱。人们常说一寸光阴一寸金,寸金难买寸光阴,不过说归说,该怎么挥霍还是怎么挥霍。讽刺的是,如果光阴不是那么所谓的"高贵"、"无价",而是真的能买,就算是一天只值三千元,那还有多少人会感到无聊,会坐视生命的流淌呢?对大多数人来说,一个人浪费一天时间其实并没什么,但是要是白扔了三千元钱,那该心疼到什么程度啊。但是,如果真的到了一天能值三千元的时候,人们又会如何对待时间呢。提到这个问题的时候,我的父亲说了句:那么大家都拼命去赚钱了。

是啊,金钱是人类社会必不可少的工具,但是它又让很多人扭曲了价值观,以为事物的价值只能用金钱来衡量。而那些原本无价的时间、阳

| 与儿子一起努力

　　光、空气、和平、亲情、良心、友谊等等，反倒因为不能用金钱来衡量而在某些人眼里变得毫无价值。无价的东西被漠视是可耻的，也是可怜的，但谁又没有去漠视过呢？每个人的一生中都必定有意无意地去漠视过很多无价的东西，这本身不算一个错误，因为人的认知总有局限性。但是我们必须认识到，我们不能任凭这种漠视的存在，我们应当去发现，去反思，尽量让自己以及我们的后代以更智慧的方式活在这个世上。猴子也有生命，猴子也和我们一样在漠视，但我们不能像几百万年都不曾变化的猴子一样去看待生命，我们是人，我们从几十亿年的演化中进化过来，我们要对得起"人"这个称号。好好反思吧，为了我们自己，更为了我们的后代。

　　很多人很固执，比如我的父亲，还有我的哥哥，他们因为过于强调自己的观念或者仅仅是一种感觉而把固执写在了脸上，还有更多的人，他们虽然看起来很平和，但其实也是自以为成熟，然后一成不变地活在自己熟悉的模式里的人。所有这些人，从进化的角度说，他们就像高级的猴子，活在高级的环境中，除非环境发生剧烈变化，否则他们不求思变。相对于动物世界，人类社会有极好的保障，比如国家的保障，家庭的保障，这让很多人安于现状，虽然这不影响国家的长治久安，但对于个体来说，很多人才就此淹没。那些心有期许，却沉沦在现实中的人，常常责怪这个责怪那个，偏偏不责怪自己，不去好好反思，他们不是把一个个挫折或者是错误深深地掩埋起来，就是用一些避重就轻似是而非的说辞去诠释它们，最后他们从一个个原本微不足道的失败中走出来，却走向了另一个更巨大的失败——故步自封。一个故步自封的人，不论他曾经多么辉煌，他都在一天天地销蚀原有的内涵，长此以往，终究成为一潭死水。相反，一个善于反思的人，尽管他默默无闻，但他在积聚能量，总有扬眉吐气的一天。当然，反思和固执是可以转换的，固执的人哪一天开始知道反思了，那么他就不再固执了，而善于反思的人哪一天开始安于现状了，那么他就变得固执了。

　　本来，世上有这么多固执的人并不是一件可怕的事情，因为他们一样安居乐业，一样成为社会的支柱，但是，想到这么多固执的人同时还是孩子的家长，或者扮演着教育者的身份，这就变得很可怕。糟蹋自己那是个人的事，糟蹋下一代那就是全人类的事了。所以我总是告诫自己，要教好奕奕，首先要改造自己，至少不要因为自己的愚顽耽误了奕奕。

　　奕奕才五岁，但认准的事情我若去反驳，他必定和我急眼。我回忆自己幼时也大致如此，想来固执也是人类的天性吧，或者说是某种动物性的延续。动物界的进化是被动的，因而进化的过程极漫长，但是人类因为会思考，所以人类的发展是主动的，其过程相对而言也是短暂的。从人类诞生至今不过百万年，发展过程从最初的缓慢到现在的日新月异，可以看出人类思想力的伟大。但即使如此，还是有很多人不习惯主动去思考问题，他们乐于坐享其成，或者得过且过，从先天来说，这是动物性的延续，从后天来说，这是教育的失败。我小时候就常常被告诫，要循规蹈矩，不要胡思乱想，家里是这样，学校也是这样。不过，从小厌恶拘束，我行我素的性格让我很少受到传统教育的影响，当然，也正是因为我不善于听取大人的意见，导致我在各方面都没有将自身应有的天赋发挥出来。基本上，我是靠自己的悟性在适应着这个社会，读书的时候靠自学，工作的时候靠观察，很少与人面对面地沟通和交流。矛盾的是，其实我的内心是很渴望交流的，但是每每听到"别想这么多，就该这样的"诸如此类的话，我就有种说不出的憎恶，为什么我碰到的人绝大多数都是满足于一知半解，或者满足于所谓的"标准答案"的？

　　奕奕也热衷于标准答案。最近他喜欢上了脑筋急转弯，自己去挑了很多这样的书买回家。但是我发现奕奕每每听到一个问题，并不急着去思考答案，反而是急着要我们告诉他答案。奕奕的记性一点不比我差，哪个问题是哪个答案他记得非常清楚，所以那一本本书很快就被他看完了，其实是记住了。好像从去年上幼儿园开始，奕奕就喜欢拿着学来的东西考我们，脑筋急转弯也不例外。其实也不像真正的考，大多数是奕奕自问自答。每每看见奕奕把一个个谜底"揭开"后那种期待表扬的笑容，以及周围大人啧啧的赞叹，我就有种担心，担心他落入俗套。实际上我在知识启蒙的阶段也和奕奕一样，关心问题的答案远超过关心问题本身，不过后来我用了很长的时间才将自己扭转过来，成为一个能够独立思考，不受"标准答案"约束的人。也许认识事物就是这么一个由表及里的过程，也许奕奕将来也能学会独立思考，但作为"过来人"，我想我有责任督促和引导孩子向正确的方向靠拢。

在我小的时候，父母也常常引导我，很多方面，我传承了父辈们的优点，比如正直、善良、节俭、爱家，但同时，我也不知不觉地把他们的缺点搬到了自己身上：浓厚的小我意识。所谓小我意识，简单讲，就是仅着眼于与个人相关的有限的团体利益。小我意识也分境界，最差的就是以个人为中心的自私自利，好一点以家庭利益为中心，以集体利益为中心。时下很多人想当然地以为民族利益、国家利益至上是一种大我意识，其实我倒觉得那不过是更高境界的小我意识罢了。真正的大我意识是不应该有"中心"、"至上"这样的意识的，他应该重视任何一种利益但又不拘泥于哪一种利益，他总是以维护更高级的利益为着眼点，比如为了家庭利益可以放弃个人利益，为了集体利益可以放弃家庭利益，为了国家利益可以放弃集体利益……但真的有至高的利益吗？我想人类的每个阶段都会产生某个至高利益，但我也相信随着人类的脚步越迈越广远，这种至高利益的演化也会无穷无尽。

讲到小我意识，我是想借此说在我们教育孩子的过程中，都会不可避免地把自身的局限性传递给孩子。那些传承优点越多，而局限性越少的孩子，未来的天空就会更明媚而广阔。所以我们做家长的要让自己的孩子好，归根结底还是要从改造自己开始，不要一味地要求孩子怎样怎样，而是自己要分清优缺点，多观察自身的局限性，尽量避免把自身的局限性传递给孩子。就像奕奕拘泥于"标准答案"这件事，很多人也许不以为然甚至以为是件好事，但我经过思考后认为这是一件很糟糕的事情，必须得到纠正。有了这个意识，我就会在将来的日子不断提醒、启发奕奕，让他明白问题的本身远比答案有价值得多，而一个问题也往往会有很多很多的答案。奕奕因此会比别的孩子多受益，而受益的根本在于我从思考中分清了好坏并且做出合适的引导。反之，如果我不分好坏，在奕奕得意于记住各种答案的时候还在夸耀他，那我就成了一个"帮凶"，帮助奕奕养成了一个思维缺陷。

| 与儿子一起努力

07 答案有标准吗

前一段时间和朋友去打篮球，一个朋友说他最近挺空，可以经常打球。因为这个朋友刚得一女，所以我故意问他："是不是生了个女儿就不用管了？"那朋友说："那倒不是，主要是因为管孩子的方法不同，我一去管肯定吵架，还不如不管。"不得不承认，这确实是一个不管孩子的理由，而且是一个听起来很堂皇的理由。孩子不管在刚出生时的哺育阶段，还是在幼儿时期的早期教育，抑或是学生时代，都有各种各样的培养模式，有的是"放养"，有的是严管，还有的是放管结合。前两种模式比较极端，大多数人还是采用第三种模式，不过在严管和放任的结合上有区别，有的偏向于"管"，有的偏向于"放"。现在几乎每个孩子都有两个以上的大人"伺候"着，像奕奕，算上外公外婆爷爷奶奶，就可以有6个大人轮番伺候，另外还有幼儿园的老师，管的人太多，目的不明，理念很多，方法各异。这种情况下，大人之间如果有几个固执的，就容易在培养孩子的问题上发生争执。有人类的地方就有纷争，家庭里也不例外。很多人在大多数问题上可以选择妥协，但是孩子是家里的宝中宝，在孩子问题上大家都特别用心，所以都不愿意轻易妥协，故而暗流涌动、纷争不断。长此以往，总有人借此退出，落个清闲。事实看起来尽管如此无奈，但我仍有自己的观点，我认为培养孩子正是需要这样的多元化，而不是互相排斥，去寻求某个单一的模式。我把这个观点简单地陈述给那个朋友，他听了若有所思。

其实管的人多，管法良莠不齐并不是坏事，坏的是管的人固执己见，求同不存异。很多人可能还没有意识到，在培养孩子的问题上，我们都缺少应有的内涵，这是一个很重要的观念。有了这个观念我们做家长的在培养孩子的时候才有可能做到兼包并蓄，才有可能在各种各样的环境下学着或者试着主导孩子走向正确的道路。当然也有一部分人正好相反，他们因为有了这个观念而推卸了自己培养孩子的责任，这不是观念的错，错在他们缺少责任心。

父亲在教育孩子上有不可推卸的责任，对现今的人类而言，在教育孩子上缺少责任心的父亲配不上"父亲"这个称呼。这样的论断听起来很冷酷，因为它无视了许多父亲的感受。然而我总喜欢直截了当地做出论断，类似如此冷酷的论断在我说过的话里或者写过的文字里有不少。很多人从内心里反感这样的论断，尤其是当这个论断加之于自身的时候，他们会因此感到受辱，然后极力地反驳、躲闪。我能理解这样的感受，这应是人类特有的羞耻心使然。人贵在有羞耻之心，这话没错，但事物有两面性，当你把真理当作羞耻的对象时，你的羞耻心无疑就用错了。

我所谓的真理是相对的，只要是相对而言更接近事物本质的道理都可以当作真理。我不标榜那些冷酷的论断就是真理，但是真理往往以如此冷酷的形式出现。所以当某个论断给我们迎头一击的时候，我们是应该起身反击呢，还是该冷静下来好好想一想呢？答案必定是后者，因为一个论断能够给我们带来冲击是因为它正好打中了我们的软肋，从而让我们发现了一些原本没搞明白的地方，也许它不是真理，但却能给我们带来一些新鲜的思考和有益的探索，所以那些希望进步的人是不应该轻易排斥这种论断的。不过，奕奕显然还不明白这些道理。

这天是 10 月 21 日，农历九月十四日，滚圆的月亮在厚薄相间的云层中穿梭，此时正值饭后，我牵着奕奕在大街小巷散步。虽然因为支气管炎，奕奕已经连续挂了三天盐水，但依旧如往常般每到兴奋之处便大喊大叫，我屡次劝阻他：在生病期间，尤其还在咳嗽时不要大声说话。虽然奕奕总是把我的提醒放在脑后，但对于我不厌其烦的提醒他还是不厌其烦地听的。还在前几天的时候我曾经问过奕奕："看那月亮，你猜明天的月亮大还是今天的月亮大？"当时的奕奕模棱两可，回答不上来。后来在我的解释后，他明白了十五以前的月亮会越来越大，十五以后的月亮会越来越小。有了这次铺垫，我特意又问了奕奕一次同样的问题，期待他能给我一个满意的答案，奕奕很乖巧地遂了我的意。其实关于月亮大小变化的说法，我的解释应该只是一个大概上的正确，如果仔细推敲起来必然有不妥的地方。我也知道这点，但是基于奕奕目前的理解力，以及我自身的局限性，我只能给奕奕这样的答案。

奕奕的知识储备越来越丰富，但是他还不明白这里面的知识绝大多数都需要不断地修正甚至是纠正，我明白目前的奕奕不能理解也更加不能容忍这一点。其实不光是奕奕，我们每一个人都面临这样的问题，谁都希望自己拥有的知识是正确的，但谁有资格说自己的知识储备都经得起推敲？大多数人会迷信自己原本储备好的知识，不愿意看到自己的知识接受挑战，我想这大概就是为什么当曾经笃信的东西突然经不起考验时我们会感到羞耻，甚至不敢面对的内在原因吧。

就是这天，在我和奕奕出来散步前，我们刚刚吵完一架。吵架的原因很简单，仅仅是因为我要纠正奕奕一个错误的答案。和奕奕吵架是我的一个乐趣，似乎也是奕奕的一个乐趣，不过看到他如此恼羞成怒的样子，我知道这次奕奕没有把吵架当作乐趣，而是当作了一次实实在在的羞辱。不过也正是他这种过激的反应，让我对奕奕，也对自己有了更深的了解。事情是这样的：我陪着奕奕做一本为学前儿童准备的测试题，本来奕奕已经对里面的题目了如指掌，回答起来也是头头是道了，所以很多题目下来他一直在接受着我的赞许。这时候碰到这么一道题目：问如下四幅图画（分别是夜晚、阳光下、雨天和下雪天）中哪一幅图画有可能出现彩虹？奕奕很快信心十足地指着下雨天的那幅图，确定那就是标准答案。这是一本很旧的书，好像奕奕没上幼儿园前就买了，有相当长一段时间我没有陪着奕奕看这本书了，我完全记不起曾经是否和他一起"研究"过这道题，不过当我看了这道题目后的第一感觉和奕奕的解答是一样的。但是仔细一想后，我发现我们错了，虽然雨后可能会有彩虹，但下雨天怎么会有彩虹呢？正确答案应该是阳光下，而不是下雨天，即阳光下才可能有彩虹。可是奕奕听了我的说法后完全不能接受，先是用"不下雨怎么会有彩虹呢"，再用"妈妈都说是这个答案"来反驳我。我想尽办法解释，告诉他不下雨也可以有彩虹的，比如在瀑布边上；接着告诉他妈妈也会有错的时候，希望他不要因此坚持一个错误的认识；最后我甚至试着用"必要"、"充要"、"充分"这些逻辑概念告诉他太阳光才是形成彩虹的必要条件，没有太阳光就不可能折射出五颜六色的彩虹。可是奕奕完全听不进去，并且从一开始委屈的样子渐渐发展成咬牙切齿，最后号啕大哭起来，那样子就像受到了一个无赖的欺辱而自己又束手无策一般。我静静地感受着奕奕小小的拳头有分量地砸在我的身上，直到他比划着并喊着要"杀"了我，还要把我切了烧起来吃。奕奕已经不是第一次对我表示如此的愤慨了，我不埋怨他，因为类似的情况在我的童年也会发生。我只是再一次抱紧他并轻轻提醒道："如果'杀'了我，你就没有爸爸了。"每次听到这样的提醒，奕奕都会很快停止那种极端的举止，但是满腹愤恨犹未平复，无奈之下他跑到正在一旁做事的外婆身边寻求援助。

| 与儿子一起努力

偏偏那本书没有"标准答案",而外婆在我的影响下也一时也无法判断,所以我们各自坚持自己的观点,只是奕奕是在品尝着"受辱"的滋味,而我则在思考为什么会是这样的局面。好在争吵如往常一样很快就停止了,五分钟后我们和好了,奕奕像是什么都没发生过一样,而我还在想着刚才那一幕,我能理解奕奕的行为,但却苦于无法帮助他。晚饭后我带着奕奕去外面走走,在一家小超市里逛的时候,奕奕想拉大便了,我就抱着他在超市门口的树下解决了,还逗他:"这下大树可有美味大餐了。"奕奕听了咯咯笑起来,我突然意识到这时我可以趁机劝导一下奕奕,于是我问他:"我考你一个问题哦。如果你现在有个坏苹果,我有一个好苹果,我把你的坏苹果扔掉,把我的好苹果给你,你愿意吗?"奕奕说愿意。然后我接着问:"那你现在有个错误的想法,我有个正确的想法,我把正确的想法告诉你,帮你纠正原来错误的想法,你愿意吗?"奕奕想了想后也说愿意。

我想大概奕奕已经明白了我的用意,所以当我反问他"那刚才爸爸帮你纠正一个错误答案的时候你为什么那么生气呢?你说你做得对吗?"的时候,奕奕低下头不好意思地回答:"不对。"我知道不需要在这个问题上继续纠缠下去,因为奕奕显然已经转过弯来了,而羞涩的他也需要一种比较内敛的方式来消化此前的冲突。事实可以验证我的判断,在第二天和接下来的几天,我都故意用那个彩虹的问题去"考"奕奕,奕奕都很坦然地回答了我想要的答案,没有看出一点阴霾。我在彩虹的问题上解决得很成功,但是我知道最关键的问题还原样摆在那里:怎么样才能让奕奕不迷信自己的知识库呢?

很长一段时间,我一直以为鳄鱼是两栖动物,我也一直这么告诉奕奕,因此奕奕也很自然地把鳄鱼当作了两栖动物。奕奕六岁的时候,有一天,在早上去幼儿园的路上,奕奕问我:"虾是什么动物?"我想来想去没答案，于是胡乱猜之："爬行动物？"奕奕说："怎么可能呢，爬行动物在陆地的呀。"我又猜："难道是两栖动物？"奕奕想了想，问："虾可以在岸上生活吗？"我回答："可以吧，和螃蟹一样。""那对了，虾是两栖动物。"奕奕觉得自己找到了答案。可是我知道我不能和奕奕一样，即使虾真的是两栖动物，我们也不能如此草率地就确定下来，于是我说："这样吧，我等下去电脑里查查看，虾到底是什么动物。"奕奕说："那你下午来接我回家的时候告诉我哦。"

我用单位的电脑在网上查阅后，发现虾并不是两栖动物，而是节肢动物。于是我又学习了下到底什么样的动物才是两栖动物，才知道两栖动物基本都是小时候在水里生长，靠鳃呼吸，长大了到陆地生活，鳃没有了，主要用肺呼吸，但是也可以用皮肤在水里辅助呼吸。这让我有些明白了，因为我一直以为两栖动物是既有鳃又有肺的，其实不是，只是在某个阶段有鳃，某个阶段有肺。小时候夏天没什么东西吃，父亲为了让我和哥哥能吃得好点，就学起来到田里抓青蛙，几年下来，俨然成了捕蛙能手。那时候，看母亲麻利地宰杀青蛙，吃着她用毛豆、辣椒一起炒的青蛙，那真是一种享受。可自从知道青蛙是人类的朋友后，我也曾要求父亲别再抓青蛙了，为显示决心自己也试图拒绝吃青蛙，可是终究没有抵挡住那香喷喷的诱惑。哎，原谅我，以及原谅我们吧。现在回想起青蛙确实是只有肺没有鳃的，可是吃了这么多年的青蛙，我竟然一直没注意到这点，真是对不起它们啊。

网上也有人在查询鳄鱼是不是两栖动物，我有些好奇，便点进去看看。结果不看不知道，竟挖出了一个贮存在我脑海多年的错误知识：鳄鱼是脊椎动物，并非两栖动物。主要区别之一是鳄鱼不能在水里呼吸，虽然它可以在水下待上一至两个小时。错误总是要纠正的，只不过是主动纠正还是被动纠正罢了，而最重要的是，我们要学会纠正自己，不要以为纠正

与儿子一起努力

是一种耻辱。那天下午去接奕奕的时候,我开门见山地说:"奕奕,我要和你说声对不起。"奕奕好奇地问:"怎么啦?"我说:"我们以前以为鳄鱼是两栖动物,今天我才知道其实不是。我以前和你说的是错的。"我把两栖动物的特点以及鳄鱼的特点详细地解释给奕奕听,奕奕很愉快地接受了。当然,我没忘记把虾是节肢动物这个知识告诉奕奕。

每个人的知识库都丰富多彩,有生活常识、专业知识,还有各种各样的经验以及主导自己认识世界的人生观等等,可以说,知识库就是一个人的立身之本。在未知世界里,每个人都会自觉地更新自己的知识库,但是到了自己熟悉的领域,大多数人就喜欢一成不变,甚至对周遭的变化视而不见。对一个成年人来说,当他满足于现状,或者对未来没有担忧的时候,他的意识就不可避免地被惰性所支配,开始不愿意接受新的变化,也必然会迷信起自己的知识库,以为自己已经足够可以适应社会了。而对于儿童来讲,他们对于被灌输的知识总是习惯性地、全盘地去接受,意识上几乎没有去否定的概念,因为他们尚未具备否定的能力。所以,孩子更容易迷信自己所知道的东西,以为这样的就应该是这样的,一旦他们的知识接受挑战时,他们会变得迷惘,甚至会恼羞成怒。其实,孩子这种反应是好的,如果引导得好,在强烈情绪的带动下更有助于他们尽快完善或者是推翻原有的知识库,从而也就能不断成长起来。但是,很多大人看不得孩子迷惘,更舍不得孩子生气,所以当孩子最需要大人引导的时候,那些大人做了最错误的举动:哄骗。他们会安慰孩子,说孩子是对的,而那些指出孩子错误的人倒变成错的了。不难想象,孩子在这种教育环境下会更迷信自己本来就很稚嫩的知识库,从小就种下了狂妄自大、故步自封的隐患。这是我们必须要警惕的。

08 环境不是很重要

很多大人都担心自己的孩子被其他人或者环境带坏，所以就想办法让孩子躲避些什么，有条件的就干脆把孩子放在某个特殊的环境里，比如贵族学校。小时候，母亲也会常常提醒我不要跟谁谁一起玩。更让我记忆深刻的是，有些大人竟当着我的面凶巴巴地告诫他们的孩子别和我这样的小孩一起玩。像我这样其实并不顽劣的孩子都会受到这样的"关照"，可想而知那些比我更野的小孩会受到其他家长多少白眼和谩骂。孟母三迁的故事一再引导我们要重视孩子的成长环境，可时下我们很多人把这种重视推向了极端，却忽视了孩子成长最重要的因素：教育。他们把提供优越的环境当作了一切，以为把孩子封闭起来就能给他们带来安全，以为把孩子送到名牌学校就能给他们带来好的教育，以为把钱都花在孩子身上就能把孩子打造成才。我想这应该是我们这个时代才可能有的普遍现象，在早些年以前，大人们就是有这个心也没这个力，顶多就是有些家长会为了给孩子找个好点的老师去托关系。不过我的父母似乎没在这方面花过心思，什么这个学校那个学校，这个老师那个老师的，爱谁谁。

我不太清楚父母当时是怎么考虑这个问题的，也许他们觉得孩子的成长环境根本不是他们能左右的，所以也就不愿意在这上面白费工夫。我也不愿意给奕奕特殊的照顾，即使我现在有能力这么做。我总觉得人本来就应该在复杂的环境下生存和成长，这样的人才可能适应未来的不可预测的复杂环境。月有阴晴圆缺，人有旦夕祸福，我们不能指望一个人一生都福运相伴，所以我们有责任教育孩子学会面对风浪或者坎坷。就拿孩子上学来说，遇上好的老师固然可以看做是好事，但碰上不称心的老师也未必就是坏事。好的老师可以让你明白什么是好的，坏的老师也可以让你知道什么是坏的，这不都很好吗？事物都有两面性，也可以说阴阳，我们不能只看到阳，而忽略了阴。古人早就告诉我们，阴阳是可以互换的。你要是不懂得这个道理，你就可能把好事变成坏事，把坏事变得更坏，反之，你却可以把坏事变成好事。孩子起初是不会懂这些道理的，即使在学校里也未必能学到这些道理，所以我们做家长的应该懂这些道理，就算你不懂也没关系，从现在开始让自己弄懂，然后再引导你的孩子。

上初一那年，有一次期中考试，是政治还是历史我忘记了，只记得那次考试时我再一次尝试了作弊，我试着把书夹在大腿和桌板之间，看见监考老师走远了就把书抽出来看看。作弊是我上了初中以后学会的，那时候，我发现考试作弊是一件学生间很普通的事情，于是也效仿起来。不过此前的我仅仅是同桌间互相抄袭下，还没有胆大到直接用书本抄的地步。不过这次体验给了我很糟糕的感觉，那种做贼的样子让我抬不起头来，让我从心里感觉愧对父母和哥哥。也就是这次作弊途中，我暗暗下了决心：从此再也不作弊了。后来的我也确实是这样，尽管大学期间作弊成风，我仍岿然不动。其实每个孩子都像我一样，生来就知道羞耻，并且有意愿纠正自己不当的行为。所以我们经常会看到一些曾经沦陷在不良环境中的孩子，因为一次良心上的刺激或者是某个良师益友的提醒而突然振作起来，变得比其他孩子更加懂事。这也可以反过来说环境其实对一个人的成长并不是很重要的，重要的是我们如何教育孩子，让他们学会自省，学会自我调节。就像黑夜和白天对我们都很重要，没有黑夜的休息就没有白天的劳作，不愿意或者不懂得在坏的环境中锻炼自己的人就不可能珍惜和利用好的环境。

在外面，我不是一个喜欢发表意见的人，但尽管这样，还是有一些人认为我总是高高在上。难道是我手中虽无剑，心中却总有把无形的利剑在闪烁着光芒？李连杰在一次电视专访中讲了武者的三个境界：手中有剑、手中无剑心中有剑、手中无剑心中亦无剑。前两个境界好理解，后一个比较难懂。有功夫却不显露很难，从里到外都不显露就是难上加难。从个人修为上来说，手中无剑心中亦无剑是一种很超然的境界，但是把不显露的程度作为区分境界的高低本身却不是好的境界。本事也好，功夫也罢，最终都是要用于实践才能实现其价值的，如果我们仅仅强调练剑、收剑，却不强调要勇于在关键时刻亮剑，那显然是脱离了核心价值。谈到价值，很多人把它与功利混淆起来，有的人把功利当作价值来崇拜，有的人则把价值当作功利来批判，这些都是价值观狭隘的表现。功利是把个人的利益当作价值，但是价值却涵盖了所有的利益。我们可以把剑当作维护价值的工具，因为价值观的不同，有的人为了一句话可以亮出他的剑，有的人为了生命安全才亮出他的剑，有的人为了他的财路、官路可以亮出他的剑，有的人为了人民利益不受侵犯才亮出他的剑，有的人为了兄弟义气亮出他的剑，有的人为了民族、国家大义才亮出他的剑……所以，武者的境界并不在他的功夫上，如果他为了邪恶使用功夫，如果他是为了他自己而练习功夫，不管他功夫多高，不管他心中有没有剑，他的境界再高也高不到哪里去。不光是武者，我们所有人都是这样，我们的境界不是由我们掌握的技能的种类和高低来决定的，决定我们境界的是我们的价值观。所以照我看，走在华尔街做投资的人不一定比在大马路扫地的清洁工境界高，制造原子弹的人不一定就比卖茶叶蛋的人境界高，我们使用电脑的现代人也不一定比钻木取火的原始人境界高。

　　在建设局的质检部门工作,常常要在外面吃饭。其实也可以不去吃,因为在那个圈子里,我们这个工作岗位决定了我们才是说了算的人。虽然不用去巴结人,但我也不愿意给人留下不近人情的印象,加上自己胃口好,又总是被盛情邀请,所以凡是有饭局,我基本是参加的。有一天中午,一个学校的体育馆竣工验收完毕,和学校的诸多校长以及教育局里管基建的老师一起吃饭。那个管基建的老师上来就半开玩笑地说:"本来想把验收安排在下午,这样吃晚饭就可以多喝点酒。现在好了,酒也不能多喝了。"但尽管这样,每个副校长在校长的带领下已经一人一瓶半斤装的白酒包干了,那个管基建的老师则要了葡萄酒来喝。验收的时间是我定的,一来我不希望饭局占用我晚上的时间,二来中午的饭局可以用工作把喝酒这个"任务"推掉。我的选择是正确的。席间,在那个管基建的老师的鼓动下,整场饭局觥筹交错,原先的定量不停地翻新,喝白酒的继续上白酒,葡萄酒也是要了一瓶又一瓶,大有不醉不归的意思。虽然我也参与敬酒,但都不多说话,喝点酒意思到就可。碰到这种靠酒性带动气氛的饭局,我基本就是安分地坐着,吃自己的菜,偶尔抿一口自己杯中的小酒,听一听某些人借着酒性发出的各种奇谈怪论。席间,那个管基建的老师冷不丁对我发表了一阵感慨:"小周啊,我怎么总觉得你和我们不一样,有点高高在上啊。"肆意喝酒确实不是什么好的风气,况且还是借着工作之便,但这些事情我早就习惯了,从里到外都很平和,毕竟这些都不是自己能左右的。所以我有些奇怪他怎么会这么想,于是赶紧解释说:"哪里有,我只是不会喝酒啊。"这个老师显然是放得开的人,但是放得开并不意味着不懂廉耻。当大家都踩着良心去放任自己的时候,很多人就不觉得有什么可羞耻的了。可这时候如果有个人和他们表现得不一样,出于警惕也好,出于内心的纠结也好,这个老师试探性地问这么个问题或许也在情理之中。在建设局工作这么多年了,和各行各业的工作者都吃过饭,诸如教师、医生、警察这些特殊职业者不在少数，在饭桌上大家都没什么区别，谁是主角谁是配角，谁是领导谁是下属，谁是当孙子的谁是当大爷的基本都分得很清楚。就拿我自己来说，吃菜的时候只看到我胃口不错，一到喝酒就看出来了，说不喝就不喝，旁人还不好勉强，就知道这人不是当孙子的。当然，偶尔我也会和领导一起吃饭，这时候我就不能由着自己来了，为了不让自己喝多，必须讲点策略：首先要低调，表明自己不胜酒力；然后是绝不去为难别人，为难别人就等于为难自己；还有一点很关键，那就是爽气，必须喝的酒或者该喝的酒绝不拖泥带水。所以这么多年来虽然经常上酒桌，但鲜有被为难的时候。

很多人喜欢把自己身上的坏毛病归咎于环境，我却不赞同。我总认为，只要自己不愿沉沦，什么样的环境都可以锻炼人。既然有这样的信念，还有什么好害怕的？对自己是这样，对孩子又何尝不是这样？孩子或许还不能把控自己，但是只要我们做父亲的明白其中的道理，就一定能引领孩子穿越各种迷雾。经过了各种是是非非的孩子，将来独立出去后才更让我们放心，难道不是这样吗？

09 取巧与卖弄

做人，策略很重要，特别是在解决问题的时候。但是，若有人问我："你希望奕奕会成为什么样的人？"我会这样回答："我首先希望奕奕成为一个真实的人，时时刻刻真实地面对自己，真实地表达自己。"我认为真实是一切创造力的基础，包括创造优良品质，创造各种技能等等。真实不等同于诚实，诚实仅是相对的、狭隘的真实，强调的是不欺骗他人，却不在乎是不是欺骗了自己；真实也不等同于实事求是或是认真，后两者强调的都是达到某种目的，也只是相对的真实。现今，你要找寻一个睿智的人，博学的人，认真的人，有成就的人，有拼劲的人，有爱心的人，有使命的人等等都不是很难的事，但你要是想去寻找一个真实的人，那还真是很难很难。所以我欣赏范伟、崔永元、郎咸平这些总是愿意真实表达自己的人。

人生来是自私的，但渐渐地都能和社会相融合，成为一个社会的人。反过来，人生来是真实的，但渐渐地就变成一个一言一行都受制于他人的人。时下，有一大群人喜欢唱高调，喜欢标榜名牌，喜欢附庸风雅、装腔作势，剩下的一大群人因为没有机会唱高调，没有实力追逐名牌，没有资本附庸风雅、装腔作势而喜欢讥讽前面的一大群人。其实这两群人都有个共同的特点，就是喜欢排斥异己。他们有时候分成两个阵营互相制衡，有时候他们互相转换，这有点类似于王权时代的农民起义，当那些起义者成功地推翻了曾经压迫他们的势力后，转而自己就成了堂而皇之的压迫者。

写下上面这段文字的时候，时间的车轮已经碾入了2011年。当发觉自己的年纪越来越大，时间越走越快的时候，我常常盼望那个车轮会生锈，好让时光流转得不是那么快。不过这几年的时光飞逝，也有让我感到欣慰之处，那就是看着奕奕一天天地长大起来。奕奕已经不知不觉六岁了，这个可爱的小家伙和其他孩子一样无处不闪露着耀眼的灵光，而我首先要做的就是保护他的灵光，别让它在世俗中被时光吞噬了。"世俗"，这个刺耳的字眼，我本不想用，但想来想去终究找不到委婉些的词代替它，罢了。

前些天的一个晚上，奕奕的两位老师来家访，奕奕就读的幼儿园每年春节前都有这么一次例行的家访。别看奕奕小，他已经是个大班生了，虽然他在班里是最小的，但几乎是公认的小聪明蛋，每个学期都被评为"机灵宝宝"。很有趣，还记得上次老师来家访的时候，奕奕还躲起来不肯见老师，逼得急了，甚至当众哭了出来。不过这次老师来家访的时候，奕奕显然大方了很多。倒是我有些慌乱，因为听到敲门声的时候我正在紧锣密鼓地打扫卫生。家中的清洁工作是个麻烦事，不过结婚这么多年我终于养成了定期打扫卫生的习惯，并且形成了一套高效的清洁程序。然而只要奕奕在家里，家里总是乱糟糟的。这天是临时才知道老师要来家访，碰巧古黎要在外面吃饭，很迟才能回家。我们在奕奕外婆家吃完晚饭后匆匆赶了回来，我和奕奕约好："奕奕画画，爸爸搞卫生，互不干扰。"奕奕喜欢

| 与儿子一起努力

和我一起玩，什么打怪兽，打牌，捉迷藏，连看书也要拉上我，如果不和他事先约好，我的卫生工作就没法搞。

老师们进门的时候，家里已经还算看得过去，可惜忘记烧水了，不过老师们也都很客气，说她们刚从楼上的研研小朋友家里过来，已经喝饱了水。我也图个方便，索性就不按常理端茶倒水。安排好老师们就坐后，我有些局促，因为聊天不是我的长项，而两位年轻的老师似乎也不谙此道，因此一度场面有点僵。倒是奕奕挺机巧，一个人默默地把摊在茶几上的画笔收拾好，并在众目睽睽之下将画笔放到电视机旁的柜子里，那乖巧的神情甚是淡然，但我不用眼睛就能看得出他在等待着我们的夸奖。这倒给了我发挥的机会。显然我不会遂了奕奕的意，我也不等老师夸奖奕奕，抢先说道："嘿，今天怎么了，老师来了你就这么乖了，连画笔都自己收拾了，怎么以前从没见你收拾过东西啊？"奕奕笑了，小脸红了起来，这时候的他让我看着才真叫可爱。老师们一直在维护着奕奕，说奕奕在幼儿园都是很乖的，自己会整理东西，吃饭也快，有时候还会主动帮老师的忙呢。不过我可不会借着老师的劲把奕奕夸到天上去，而是继续数落奕奕："可是你为什么在家里吃饭总是那么慢，还要外婆喂你呢？"

现在的奕奕还没有学会在事实面前狡辩，老师夸他的事是真的，我数落他的事也是真的，所以他夹在中间无所适从，只是羞涩地笑着。奕奕没有错，奕奕的做法几乎是每个孩子，甚至每个成人都会，而且都在时不时地做着的；同样，老师没有错，老师希望用各种各样鼓励的方式帮助孩子们建立起好习惯；我也没有错，我要求奕奕做真实的人，不光是对奕奕，我对身边亲近的人无形中都有这样的要求，只是我对奕奕的要求更严格，就像要求我自己一样。人类本是真实的，无须要求其真实，可是社会却扭曲了人的本真，以至于人们总觉得滑头的人容易得到便宜而老实人总是吃亏，甚至把一个人是否圆滑世故当作成熟的标志。我承认，一个人如果只有真实，而缺少应有的洞察力以及处理矛盾的策略，那他的真实反而会让其在社会中更多地碰壁。所以，我强调真实是一个人优良品质的基础，但不是一切。我们要用长远的眼光看待真实，相信真实的做人终究会给我们带来真正的诚信、睿智、宽厚、谦虚、仁爱、友善等等人性上最闪光的东西，坚持下去，我们一定会发现真实的价值，并且成为真实的人，到了那一天，我们就不需要再要求自己真实了，因为我们已经是真实的了。

我也曾是个善于取巧的人。尤记幼时一事，大约八岁的样子，那年春节，母亲的老家——湖州，我的一个表姐结婚，我们全家都从云和乘汽车赶过去了。有一天我在一个房间玩镜子，房间挺暗，我开起灯来用镜子反光，自娱自乐。这时候另一个表姐正巧走了过来，这个表姐我叫她阿三姐姐，此时已经在一所师范大学教书了。当我发觉她正朝门口走来的时候，我灵机一动，故意趴到床沿边，用镜子对着床地下照。如我所愿，阿三姐姐看见我的举动很奇怪，就问我："小欣，你在干什么呢？"我假装淡然，就和上面提到的奕奕一样，我说："我不小心把乒乓球弄到床下了，我在找球。"我知道我不需要提镜子，因为她肯定应该知道镜子的作用。果然，阿三姐姐开始猛夸我："你是用镜子的反光去找球啊，你太聪明了。"后来，阿三姐姐没少在众多亲戚面前提起这件事，让我很是享受。二十多年后，阿三姐姐过来我家，饭桌上还经常说起我小时候如何如何聪明。我知道我是聪明的，但是我曾经为了别人夸我聪明而做出的那些事，如今成了反面教材，正好拿出来教育奕奕：聪明不是拿来炫耀的，更不是拿来迷惑人的。聪明是，懂事也是，有本领也是，讲礼貌也是，长大后的知识渊博、地位显贵、家财万贯、见多识广、素真贤惠等等都是，任何好的品质都不是拿来炫耀的，更不是拿来迷惑人的。

孩子建立好品质是需要我们不断鼓励甚至奖励的，但是我们在给予孩子们诸多的奖励时是否有责任告诉他们：奖励是为了你们更好地培养各种好品质，但好品质绝不是为了奖励，更不是做给人看的。我很高兴那天晚上奕奕只是羞涩地微笑，而没有恼羞成怒，显然这鼓舞了我，让我感觉在塑造奕奕的过程中我的力量或许可以和世俗相抗衡。恼羞成怒往往意味着深入骨髓、根深蒂固，奕奕没有恼羞成怒说明他还没有被世俗浸透，这有奕奕年纪尚小、涉世未深之故，更多的是因为我在一旁时时刻刻敲打他，让他明白总有一双眼睛盯着他，希望他做一个真实的人。人不可能脱离世俗，但一定可以驾驭世俗，我在努力这样做，我也在努力让奕奕这样做。《西游记》里有一幕让我从小到大一直回味，因为我总是想不明白为什么孙悟空的师父仅仅因为孙悟空一次人前卖弄技艺而将其逐出师门，并断绝师徒关系。想来想去还是有些不解：卖弄是很世俗，本领高强的人又喜欢卖弄那确实很危险，可是孙悟空的师父既然能教给他通天的本领，为什么就没办法教他如何摆脱卖弄，继而驾驭世俗呢？难道驾驭世俗是连佛祖都难以奈何的事？

神话终究是神话，不过《西游记》倒暗示了一个事实，世俗无奈。其实世上没有人能像孙悟空一样轻而易举地就学会通天的本领，也没有人能够不经过长期磨炼和探索就能够驾驭世俗。不知道从什么时候开始，我就一直在寻找真实之道，虽然在我身上这种真实的感觉越来越强烈，但屡屡真实的面对自己的一言一行所思所想，发现总有很多虚妄、谄媚、暴躁、狡黠、贪婪、卖弄等阴暗的一面挥之不去。不过，我却不悲哀，反而越发乐观，因为我坚信多看到一点自己的阴暗面，继而努力去征服它，就总能让自己的另一面更加闪光。是啊，真实的面对一切，看见自己的缺点，看见自己克服了缺点并建立了优点，这不就是伟大的创造吗？这不就是人性的快乐吗？如果一个人不敢面对自己，反而用各种方式粉饰自己，把自己假想得很完美，好比照镜子的时候总要浓妆艳抹、搔首弄姿，那么这样的人，你还相信他会有什么创造力吗？

10 真实的味道

真实究竟是什么？诚实不代表真实，真诚不代表真实，认真不代表真实，有一说一不代表真实，实事求是不代表真实，那么这些全部加起来能代表真实吗？我认为还是不能，因为它们都只是真实的外在表现。如果把真实形象地比作一棵大树，那么真实之树必定能结出诚实、真诚、认真、有一说一、实事求是这些果子，但是这些果子却未必只长在真实之树上。毫无保留的诚实那是一种真实，有选择的诚实那就成了欺瞒；不求回报的真诚是一种真实，为了达到某种目的的真诚就成了虚伪；自发自觉的认真是一种真实，为了应付监管的认真就成了刁滑；讲究客观事实的有一说一是一种真实，主观臆断的有一说一就成了胡言乱语；不论时间不论地点不论目的的实事求是是一种真实，为了特殊的目标实事求是就成了手段。外在的表现总是那么相像，所以要判断某个行为是否真实不是一件简单的事，但是如果要判断我们自己的某个行为是否真实却不难，前提是我们要敢于真实地面对自己，并且真实地比对自己的行为和想法，这样我们就容易判断自己是不是违背了真实。其实我亦无法用精炼的语言去定义真实，

与儿子一起努力

只能用诸如上面的大段大段的比较去大概地把握真实的内涵,不过我懂得更重要的是在实际中时时刻刻去尝试和体会,这样才能一步步走入真实。

我常常迷惑自己曾经是如何一步步与真实渐行渐远的,又是什么样的力量让我们不敢面对真实的自我,甚至从幼年开始,我们就自然而然地学会隐藏自己的内心。也许,这是人类适应社会性生活的本能,因为在群体生活中,我们必须学会参照他人的行为,并以此来评判自己的言行是否得体。当每个人的眼里都只有身边的人的时候,我们就渐渐遗失了自我。所谓童真,那不过是他人眼里的珍宝,对仍处于童年阶段的自己而言,童真不过就是会给自己带来羞耻的东西,到了自己真的怀念起童真的那一天,童年也早就远去了。童年的奕奕会如何感知自己的童真,我能让他喜欢上属于自己的那份真实吗?

奕奕喜欢去超市看书,整个冬天,晚饭之后的一段时间最佳的去处似乎只有超市了。其他季节里,还可以选择散步,或者到广场和公园去玩耍,可是寒冷的冬季,温暖的超市成了我们带孩子逛逛的好地方。我们需要买东西的时候,就先让奕奕在超市的图书专柜挑一本书,然后让他坐在购物车里看书,我则一边挑选物品,一边陪着奕奕看书。如果不买东西,我就索性陪着奕奕坐在图书专柜的凳子上慢慢看。我发现奕奕不太喜欢看故事类的书,反而对知识性的书籍很感兴趣,比如动物植物、天空海洋、人体奥秘、安全常识、好习惯坏习惯、脑筋急转弯等等方面的书籍,几乎翻了个遍,而各种童话、寓言、成语之类的故事奕奕却几乎不碰。我猜测这可能和奕奕的接受能力有关,故事性的内容往往太长,接受起来挺吃力,而知识性的东西相对较短小,而且一个新鲜感接着一个新鲜感,比较适合现在的奕奕。

2011年正月头上的一个上午,虽然已经开始上班,但因为没有事情,我就从单位跑出来带奕奕去逛超市。进入超市后,我们手牵手直奔二楼的图书专柜，途经一个卖文具的柜子，我突然感觉奕奕的小手在把我往回拉，我回头一看，奕奕正盯着那个文具柜子看。两个月前我在淘宝网上给奕奕买了一个挺大的黑板，有两面，一面黑一面白，黑的一面是用粉笔写的，我们一般不用，我们只用白的一面，是用专门的白板笔书写的。自从有了这块板，我和奕奕有了一个非常好的交流工具，可以讲解知识，还可以玩游戏，画图画。不过这种白板笔有个毛病，几个小时不盖盖子就写不出来了，这大概是水笔的特点吧。开始奕奕没有养成及时盖盖子的习惯，所以新买的笔常常没几天就不能用了。记得前两天从新华书店回来后我和奕奕说起忘记买几支白板笔，所以我猜想奕奕是不是想起了要买白板笔所以就停下来了。于是我想当然地回过来，一边在文具柜台里寻找白板笔，一边自言自语："哦，对了，要买几支白板笔。"我听见奕奕轻轻地"嗯"了一句。不过我很快发现那里并没有我们想要的笔，于是一边说"咦，居然没有"，一边拉着奕奕要离开。这时奕奕终于忍不住说出了自己的想法："我好像碰见同学了。"我顺着奕奕注视的方向看去，才注意到一个蹲在文具柜边上摆弄着文具的小女孩。奕奕虽然得出了自己的判断，但显然还不是很确定，所以他一直在那个小女孩的侧面和背面仔细地观察。看他这么狐疑的样子，我给了他一个建议："走，跑到她跟前去看看。"奕奕对我的这个建议有些害羞和犹豫，于是我索性拉着他朝那个小女孩的正面走去。恰好，这个小女孩此时在我们面前站了起来，和边上一群小孩一起离开了柜台。这个小女孩和那群孩子一样，比奕奕高了一头多，应该都是小学生了。看见那么高的个子从奕奕身边经过，奕奕忙忙摇摇头说："不是，不是。"我笑着和了一句："这么高，应该不是，对吧？"本来有些尴尬的奕奕听了我说的话越发窘迫起来，好像自己干了一件严重的坏事而又被发现了一般。看着那张可爱的小脸瞬间红了起来，我赶忙猫下腰看着他说道："认错人不是错，没什么好难为情的，哈哈笑一笑就好了。"我看他好像还没有释怀的样子，于是又补充了句："爸爸就经常认错人，大家都常常会认错人，没关系的。"奕奕一听释然很多，反问我："那你认错人

| 与儿子一起努力

会怎么办啊?"我回答:"不是说了么,笑一笑就好了。以后你还会经常认错人,没关系,大度点,哈哈一笑就 OK 了。"我意犹未尽,拉着他朝前走了两步,接着说道:"别说认错人没关系,就算做错事也没什么大不了的啊。"

呵呵,我觉得上面这段叙述有点像小学时代的命题作文《一件小事》。自从小学三年级开始写周记和作文后,我的小作品就常常被老师拿出来当范文读。当时我也不知道为什么能打动老师,但我知道只要我写这些东西是带着感觉,真实地去表达的时候,我的作品就一定能被老师选出来做范文在班上宣读。印象很深刻的一次是一篇周记《蚂蚁》,写之前我特意从家里阳台的缝隙里抓来了几只蚂蚁来观察,加上平时经常玩蚂蚁的体会,在写那篇周记时我就有强烈的预感:这篇周记会获得老师的青睐。果然,在之后的我一直期待中的一节语文课上,老师盛赞了这篇周记。可是就在我还处在享受满足的过程中时,周围有很多同学竟然站出来指责我抄袭书本,一时间我莫名其妙甚至恼羞成怒起来。当时的我非常激动,这种场景,和任何一个被冤枉的孩子做出的举止是差不多的,只不过像我那么敏感的孩子可能会更强烈些。后来我发现,原来接下来要学的一篇课文竟然也是《蚂蚁》,里面的内容和我对蚂蚁的描述确实有些类似。本来这是一件很有意义的事,可惜当时的我思想境界不高,没有抓住如此典型的事件进行合理的、有益的、深刻的剖析,而是把所有的注意力都放在委屈和愤怒上了。不过幼小的我如此混沌是正常的,可惜的是当时没有一个人站出来引领我正确地认识这件事,包括老师和我的父母。假想时光交错,当时的我碰到了现在的我,现在的我又会如何开导当时的我?其实不用这么复杂,就比如过两年奕奕碰到了这类事情,我会怎么引领他?

我:"小子,今天怎么了,情绪这么低落,被欺负了?"如果奕奕遇到这类事,我想我能够敏锐地感觉到,并主动提出来。

奕奕："倒霉，上礼拜写的周记竟然被同学们说成是抄袭。"

我："就是那篇《蚂蚁》吗？你还一边观察蚂蚁一边写的呀，我可没看见你一边观察书本一边写啊？"

奕奕："就是说啊，可是没人信我。"

我："你觉得他们为什么不相信你？"

奕奕："谁知道呢？大概是我写得太好了吧。"从现在还是六岁的奕奕来看，那时的奕奕真有可能会说出如此自信的话来，不过年幼的我却没有奕奕这么自信，那时候的我，很自我但谈不上自信，因为我连自信是什么都不知道。

我："嗯，这倒从侧面证明了你确实写得很好。"

奕奕："什么是侧面证明？"提出这个问题之前，我已经感觉到奕奕已经不再那么郁闷了。

我："侧面证明也是一种证明，是相对于直接证明而言的。比如说我们通过环绕地球一周可以直接证明地球不是平的，我们也可以通过观察太阳、月亮等等其他星球都是圆的来侧面证明地球不是平的，而是圆的。再比如，你那篇《蚂蚁》如果获得老师同学一致好评，那就是直接证明了你的文章写得好。但是虽然同学没有说你好，却说你抄袭，这不是从另一个角度侧面证明了你的《蚂蚁》写得好吗？而且这种证明更加客观。简单说，直接证明可以让一个判断有说服力，而侧面证明可以让这个判断更有说服力。"我的名词解释显然不是权威的，但至少可以让奕奕多明白些东西。要明白得更精确，最终还是要靠他自己。

奕奕："那我可以这样理解，我认为自己好还不够，要侧面证明我好才行？"

我："你这样理解也行。其实这也是自信的来源，自信不是自大，也不是盲目相信自己，自信的前提是在积累知识和提高判断力的过程中不断地证明和修正，甚至是推翻原有的判断。只有你知识储备越来越多，理解层面不断深入，你才会渐渐自信起来。"

| 与儿子一起努力

　　奕奕："不管怎么说还是觉得有点倒霉，本来想被夸奖的，结果却被人嘲笑。"此时的奕奕应该心情好多了。

　　我："一篇文章被否定了没什么，关键是你更相信了自己的能力，以后你可以写出更多更好的文章。"

　　奕奕："以后写出来还会被人冤枉吗？"

　　我："这个不是我们能控制的，他们要冤枉就让他们冤枉去。其实我告诉你一个秘密，想知道吗？"

　　奕奕："快点说啊。"

　　我："被人冤枉通常都是好事，因为这往往从侧面证明了你太出色了，已经超出他们的想象了。"奕奕没有说话，一扭头走开了，我从侧面看见他微红的小脸在偷笑，那样子真让我羡慕。

　　在我年幼的时候，诸如此类不顺心的事带给我的影响几乎都是负面的，让我更消极，更自我和闭塞。事实上，仅拿写作文来说，在小学五年级以后，我的作文就与真实渐行渐远，转而去追求华丽和空洞的东西，常常费尽心思憋出一篇腐朽之作却不觉羞愧反而自鸣得意。若不是上初中后突然振作起来勇敢地批判和反思，那曾经灵光四射的小孩早就变成一块朽木了。其实我也大不必过分羡慕奕奕，因为若不是一段漫长的自我探索，我又如何能明白那些将神奇化成腐朽的力量，我又如何能帮助奕奕抵御这些力量。如果说因为有我在奕奕身边辅导他是值得庆幸的，那么奕奕也大可不必为此庆幸，因为我们只是起点不同而已，更早地传承了我的优点的奕奕终将有更大的人生目标等着他去寻找，那时候，他也必将和我一样进入一个长期而艰难的自我探索的领域。

11　腐朽与神奇

曾经，每当我遇到困惑的时候，总幻想有个人会出来帮助我，他或许是个神奇的老者，充满智慧。一度，我不可避免地陷入，眼前遍布浮云，为名为利为欲而迷失了自己。所幸，我最终没有把那些浮云当作人生的目标，而是重新找回了真实，明白了努力的方向，过起了快乐的生活。现在的奕奕很快乐，将来的奕奕也会很快乐，因为他将始终活在真实的世界里，真实地面对自己，真实地面对周围的一切。每当遇到困难和困惑，我可以帮助他一起真实地面对，坦诚并克服弱点，坚持并发扬优点，我会让他早早地明白：顺境是成长之路，逆境同样也是成长之路。

奕奕现在很喜欢和我一起玩，我也很喜欢和奕奕一起玩，这是我做父亲的责任，同时我也乐在其中，喜欢自己现在的状态。在很小的时候，我就有一种体验，纯粹地玩总会越来越无聊，越玩越没劲，但如果在玩的过程中结合一些动脑筋的游戏或者学习，那就很可能带来极大的趣味。不过增加动脑筋的东西通常需要更大的孩子甚至是成人的参与和引导，仅仅几

与儿子一起努力

个年龄相仿的孩子在一起很难形成这种氛围。读小学的时候有一篇课文教育我们：学的时候要认认真真学，玩的时候要痛痛快快玩。可是常常在玩的过程中学到很多东西的我很难认同这个观点，我也曾经试着那样要求自己，但我的体验一再告诉我这确实不是什么好方法，至少对我是这样。因为这种认真除了枯燥就是装样子给大人看，没有一点乐趣可言，所以每次认真的结果都是希望早点结束这种认真，然后可以痛快地玩。因此我更相信在玩的时候学习可以有更高的效率和兴趣，可以让知识和思考真正成为自己的朋友，如影随形。

大家都认为时间很宝贵，可是人们又常常陷入无聊，然后胡乱地打发时间。成年人对此习以为常，而孩子们更容易体会到这点，只要他们一旦停下来就会觉得无聊，然后烦躁起来。其实我觉得这倒是孩子的可贵之处，因为这表明他们还在和无聊作斗争，不像成年人早就已经屈服于无聊了。不知道有没有人注意到，其实无聊的时候也正是一个人修身养性的好时候。人会无聊是因为有精力而无处可去，这时候只要注意引导，就可以用这股精力做那些平时懒得去做但又很有意义的事，比如说锻炼身体，动动脑筋，学点知识等等。所以我只要一旦发现奕奕进入无聊的状态，我就想办法引导他做一件有意义的事情，这个事情在平时做可能还会有些勉强，可是那时候去做，就会很有趣而且很有效。其实我也是不久前才对无聊有这么全新的认识，所以我想如果能早点认识到这些，那我在那些已逝去的时光中就可以多利用起更多更多的时间来塑造自己或者做其他有意义的事情。不过现在认识到也不晚，活到老，学到老，新鲜的认知永远都不言晚。再说了，人会老，子孙后代永远不会老。

寒假里，奕奕住在外婆家。一天，我从单位回来刚进家门，就听见奕奕在叹气："唉，玩什么好呢？"我没搭理他，径直走到黑板面前，在黑板上写了个数字"11"，然后把奕奕拉到一边，对他说："我们来做个游戏吧，你能猜出来我刚才在黑板上写的数字吗？"起初奕奕不肯猜，想直接跑过去偷看，被我一把拉住。我告诉他："你猜吧，我会提示你的。"

然后奕奕开始猜："9？"

我："小了。"

奕奕想了想："6？"

我："你刚才猜9已经比那个数要小了，怎么可能是6呢？"

奕奕又想了想："20？"

我："大了。"

奕奕："19？"

我："大了。"

奕奕："18？"

我："大了。"

然后奕奕一直从17、16、15一直猜到了正确答案11。当我告诉他猜对后，他很期待地跑到黑板面前去看那个数，然后说："哈哈，11啊，是我幼儿班的学号嘛。"接下来的半个多小时里，奕奕一直兴致盎然地和我玩着这个游戏，一会儿他写数字让我猜，一会儿我写数字他来猜，乐此不疲。我们从个位数、十位数、猜到百位数、千位数，奕奕从一开始的生疏很快变得熟练起来，猜数字的效率也不断提高。自从这次体验后，猜数字游戏就成了我们一个常规的"活动"项目。其实以前我和奕奕玩过这个猜数字的游戏，但是他一直不是很感兴趣，也一直不是很明白到底该怎么猜，可是那天在他无聊的时候发现有这么个事情可以做，一时间原本没有的热情被激发出来，同时注意力高度集中，很快就掌握了要领并喜欢上了这个游戏。

有时候，我想买几样东西，就带着奕奕去超市。通常奕奕会提出条件让我先陪他看书，但也有奕奕不想看书的时候，这时候，就完全是奕奕陪着我了。奕奕对琳琅满目的商品基本都不感兴趣，想吃的都吃过了，想玩的都玩过了，能认识的，除了摆在收银台边上的避孕套我没办法跟他解释外，基本都认识了。陪大人买东西真是无聊透顶的事，对此我深有体会。和奕奕一般大的时候，与父母上街，那时候没有超市，除了菜市场就是百货商店，如果说菜市场里还有一些鸡啊鸭什么的可以看看，那么面对百货商店里的衣服啊布料什么的，以及无边无际的讨价还价，那简直就是精神摧残。所以每每发现走到了百货商店门口，我就嚷嚷着不肯进去。但是父母亲总有办法骗我进去，不过我在里面总是很不安分，不是东碰西摸就是硬拽着父母亲要出去，所以常常被呵斥。当然，街上也有我喜欢去的地方，比如我最喜欢去的地方就是食品店，亲眼看着爸爸买上一斤饼干是我那一天最期待的事。和奕奕一样，我也喜欢去新华书店。那时候，爸爸隔一段时间就会给我和哥哥买一本"小人书"，也就是连环画，至今父母亲的家里还保存着满满一抽屉的"小人书"。从小到大，在我的脑海里一直有一幅画面，爸爸牵着我站在云和新华书店大门口的柜台前，面对着一张张色彩红艳的1982年的新年挂历，感叹地说："时间过得真快啊，都八二年了！"

奕奕和我小时候一样，喜欢被陪而不喜欢陪，常常在陪的过程中表现出不耐烦。起初，我对此很不满，试图这样劝慰他："爸爸妈妈都经常陪你，你有时候也要陪陪爸爸妈妈的呀。"多次尝试后我发现这没什么用。另外，将心比心，在面对孩子不情愿的时候，我知道不能再沿用以前父母对待我的方式，比如逼、骗、哄等，来对待奕奕。父母亲好的方面，比如善良、勤俭、爱家，我应该传承和发扬；父母亲做得不够的地方，我当然应该超越他们，做得更好。现在的问题是，当奕奕无聊不耐烦的时候，我该做些什么才能让奕奕有事可做，并且是做有意义的事情而且乐在其中。为什么要强调快乐，因为我觉得做事情感受到快乐是很重要的，否则做事情就变成了另一种形式的无聊，这样的话，哪怕事情本身再有意义，也不会带来多少积极的效果，甚至把好事做成了坏事。经过不断尝试和思考，我渐入佳境，找到了一些引导奕奕的办法。

前些天的一个傍晚，古黎要去杭州吃晚饭，不知道什么时候才能回家。虽然奕奕很喜欢和我一起玩，却还不能接受我陪着他一起睡觉，必须要妈妈陪。因为寒假已经过去，我和古黎都想把奕奕放在身边自己带，而不是再去麻烦奕奕的外公外婆，于是我和奕奕约定：妈妈什么时候回来，我们就玩到什么时候，不睡觉。喜欢玩不喜欢睡觉的奕奕对这个约定很满意。那天的天气很好，明显感受到了春天的气息。在外婆家吃完晚饭后，奕奕扛起新买的冲锋枪兴冲冲地和我一起出去，准备玩个痛快。一直只对冷兵器感兴趣的奕奕，前两天突然青睐起热兵器了，还主动要求买了这把冲锋枪，有空就扛着，从外婆家扛到奶奶家，又从奶奶家扛回来，爱不释手。

我们先来到了春晖公园，一个很大的公园，有山有湖，有桥有岛，还有儿童乐园以及各种各样的植物，公园的门口有块大石头，奕奕每次都要让我扶着他爬上去玩。天气好的时候，公园是个非常好的去处，我们在这里划船，玩碰碰车，看人工瀑布，认识各种植物。去年一场大雪过后，我还带着奕奕到公园里打雪战，堆雪人。当然奕奕最喜欢的还是儿童乐园，一个花五块钱玩一些荡秋千、越障碍、走独木桥、滑滑梯这类游戏的地方。今天我们只是走走，在人来人往中，扛着枪的奕奕看起来格外精神。不过如果只是这样走，我知道奕奕很快就会倦怠下来，所以我一直在想着给他安排点节目。这时候，奕奕和我说："爸爸，我们打怪兽吧。"我一听，有想法了。

我："那我们来玩个游戏吧，我来做将军，你来做士兵。"
奕奕："将军厉害还是士兵厉害？"
我："那当然将军厉害，将军可以指挥士兵，将军让士兵怎么做士兵就怎么做。"

奕奕："那我要做将军，士兵你来做。"这正中我下怀。

我："那你把枪给我，士兵才用冲锋枪。"说完我就做出要夺枪的姿势。

奕奕："啊，那不行。那还是我做士兵吧。"这小子狠命地护着枪，殊不知这才是我想看到的。

我："好了，下面游戏开始。看着，在前方的红色灯笼里有一只怪兽，立刻消灭他！"

我的指令刚刚发出，奕奕就马上进入状态，开始搜索起红色灯笼来，很快他发现了目标，完成了射击。在这个过程中，我寻找到了下一个目标，然后继续发出指令："左侧绿色垃圾桶有怪兽。"奕奕听见后马上又进入了搜索。就这样，我们一边走，一边打怪兽，打遍了隐藏在柳树、桂花树、小桥、石头路、天上的飞机、远处的灯光、竹林等等地方所有的怪兽。奕奕还很小的时候，我就常常训练他识别物品的能力，随着他方向感开始加强，我也开始强化他辨认方向的能力。指定目标打怪兽，结合了辨认方向和识别物品，而奕奕的表现也很棒，很投入，很出色，每次打中怪兽后都有成功的喜悦。一个多小时玩下来，光那座小山就上上下下了两次，原本不愿多走路的奕奕竟然没有一丝疲态，手上还扛着把冲锋枪。不过我知道我们不能一直这么玩下去，到时候腻味了就不好了。过犹不及的道理，奕奕现在还不懂，但是我懂。

带着奕奕走出了公园，奕奕意犹未尽，问道："下面我们去哪里玩？"我回答："接下来你陪我去超市买点东西，给你做明天的早饭。"奕奕说："那我要去看书。"我拒绝了："别看了，每次去超市都看书有什么劲？"喜欢看书本来是件好事，但是事情往往这样，喜欢的事情不加以控制，不是厌倦了就是痴迷了，通常是厌倦，但两样都不是好事，尤其是对孩子。

很多人喜欢满足孩子，尤其是看到孩子喜欢上好的东西就尽量让他多喜欢，殊不知这样做很可能糟蹋了孩子一个原本很好的兴趣。奕奕对我的拒绝没有什么反响，我知道我的拒绝是对的。奕奕喜欢看书，也常常因为这点被我们夸奖，经验告诉我此时必须提防一点：不要让奕奕被夸奖所累，以为不看书就不对了。陪着我在超市转了一圈，奕奕很快就不耐烦了，可是我却还没找到合适的东西。于是我开始给奕奕出算术题："18加23等于几？"个位数加两位数甚至三位数奕奕都可以做到了，但是两位数加两位数对他还有难度，状态好的时候可以算出几道，但是我知道他还没有明确的思路。果然，奕奕很快被难住了，向我求助了几次后发现都被我冷冷的眼神挡住，于是开始顾左右而言他，被我逼急了就开始乱猜。我一直很反感这点，一碰到困难就退缩、逃避，在这个问题上，我和奕奕沟通过好多次，讲过很多道理，但是没有明显的效果。有时候我会因此很生气，但是理智告诉我不能太责怪奕奕，因为我在他这个年纪甚至比他大好多岁以后也一样不愿意直面困难，一样是看到困难后能躲则躲，能避则避。我一直在想，或许躲避困难也是人的本性？但不管怎样，在帮助奕奕树立迎难而上的勇气上，我需要更多的努力。

现在，我和奕奕都面临着两个困难，一是解决两位数相加的问题，二是解决害怕困难的问题。此时是奕奕无聊的时候，也正是他容易接受新事物的时候，但是引导得不好，也会事与愿违。我决定今天不在第二个问题上做过多的纠缠，于是开始尝试引导奕奕解决第一个问题。

我："奕奕，我和你说过很多遍了，不要一碰到困难就躲来躲去。"我蹲下来抓住奕奕不安分的身体，看着他。奕奕沮丧地看着我，此刻眼里充满了无助。看着这样的眼神，我有些郁闷，有些羞愧，儿子和爸爸在一起竟然会是这样的眼神，这到底是谁的错啊？

看见奕奕不回答，我继续说："那这样吧，我降低点难度，你再试试

与儿子一起努力

看,好吗?"看到奕奕点头认可后,我又出了一道题:"30 加 21 等于几?"

这次奕奕的表情开始专注起来,我知道他能够做出这道题,至少是有思路了。果然,十几秒钟后,奕奕小声而怯怯地说出了答案:"51?"

看着奕奕惴惴不安的样子,我不得不俯身安慰他一下:"嗯,这次对了,是 51,你是怎么算的?"通常我是不会对一个简单问题的正确答案表示兴趣的,不过这种时候例外。

得到了肯定后,奕奕又开始神气起来:"喏,30 加 20 等于 50 嘛,50 再加 1 等于 51 嘛。"

我:"对嘛,你不是会算吗?就按照你刚才的算法算,再算算 42 加 42 等于几。"以前奕奕对多位数没有清晰的概念,总以为 21 就是 2 和 1,我在两三个月前开始强调这个问题,现在奕奕开始有些明白过来了,不过仍常常混乱。这时候我或许应该趁热打铁,帮助奕奕彻底搞清楚这个问题。

得到任务后奕奕的脑子又立刻工作起来,我则一边慢慢地挑选想买的东西,一边期待着奕奕的答案。奕奕的表现总是很好,所以我对他也就有更高的期望,以至于常常不知不觉地让某种期望变得很过分。就比如奕奕的算术,我总认为他不应该不会,当我发现他真的还不会,我就会很强烈地表露出不屑的情绪,奕奕会很快感知到这点,然后和我发生别扭。还好我虽然常常说错话、做错事,但总能及时发现自己是不是错了,错在哪里,所以我在指责奕奕后也不忘记检讨自己,这样我们每次闹完别扭后很快又成了好朋友。今天,在奕奕一开始没有给出我满意的答案,让我的期望落空时,我没有像前几次一样只顾得发泄心中的不满,而是及时调整了自己的期望,从而在接下来的十几分钟里有机会成功地引导奕奕,同时也引导自己。

十来秒过后，奕奕给出了正确答案，但是口气依然不坚定。不过得到我的认可后，奕奕开始活跃起来，频频要求我继续出题，这倒把我带进了沉思。奕奕常常会爆发出这样的热情，这让我为他高兴，因为这就是我自己曾经梦寐以求的热情，而奕奕却可以常常拥有，这就是他的神奇之处。可是这种神奇很容易被抹平，被社会，被学校，甚至被家庭。人们常常看不见属于人的真正神奇的地方，比如对学习的热情，对未知的好奇和尝试，对弱者的关爱，还有对公平、道义、信用的渴求等等，大多数人即使看见了也不以为然，可见一个人要从神奇变成腐朽是多么容易。是什么蒙蔽了我们的双眼，让我们无视那些别人身上同样也是自己身上的最珍贵的东西？想到这个问题，我开始历数那些能够化神奇为腐朽的力量：自私狭隘、夜郎自大、好高骛远、好大喜功、急功近利、武断固执、随波逐流、恃强凌弱、欺软怕硬、表里不一、言而无信、急于求成……真多啊，这里除了自私狭隘是与生俱来的，其他几乎都是社会的诟病。与这些腐朽的力量斗争了这么多年，每次审视自己，总还是能够闻到自己身上这样那样腐朽的味道，有时候，这些腐朽的力量依然会不知不觉左右我的思想。就拿现在这个事情来说，我常常希望通过自己的强势逼迫奕奕纠正这个问题、那个问题，违背了循序渐进的自然规律，犯了急功近利的错误，这同时也违背了自己以快乐引导学习的理念。幸好奕奕还是如此神奇，幸好我已不再那么腐朽，正是奕奕不经意显露的神奇之光点醒了我，把我从腐朽中拉了回来。

我依照奕奕的要求不停地给他出着题目，偶尔会给他一道相对比较难的，看见奕奕被难住的样子，我不再感到生气，更不会用不屑的眼神和冷峻的脸孔对着他，而是蹲下来，一手扶着他的胳膊慢慢和他讲解，然后冲他笑笑："终于被我难住了吧。好，看下面这道题能不能难住你。"我的行为常常会吸引周围行人好奇的目光，不过我和奕奕都不在乎这些。奕奕欣然地继续着挑战，我们就这样从超市玩到家里。那天晚上，古黎竟然将

与儿子一起努力

近十二点才回家,而奕奕一直毫无睡意,在我的讲解下看完一集八十年代拍摄的西游记之《猴王初问世》,接着和我一起玩他最近最喜欢的扑克牌,又翻出了埋在玩具箱里许久的轨道赛车玩了一会儿,最后是捉迷藏,可怜的奕奕总是找不到我。古黎回家的时候奕奕还没睡着,正躺在床上听我讲故事,我原本以为都这么晚了,讲个故事总该睡去了,结果我失败了。回想起来,这大概是奕奕睡得最晚的一次了。

12 自我期望的丧失

现在，与儿子一起玩闹、学习、探索真是令人充实而愉悦的事，在一年前，这还只存在于我的憧憬之中。在被英雄无敌（一款游戏）剥夺青春的几年里，其他所有的兴趣爱好都变得暗淡，就连天伦之乐都常常被看作是负担，真是罪过。不过，虽然对已经被挥霍的时光感到惋惜，但我不会把这归罪于游戏。人总是在昏暗中才把自己看得更清楚，所以我若不是经历过这样那样的沦陷，我想我不会有今天的清醒和认知。在摆脱游戏的一年多里，我感受到了真正的快乐，努力做优秀的父亲和称职的丈夫，积极锻炼身体，还有一边思索一边写书，以至于我前所未有地感觉到，原来时间那么多，可以做那么多有趣有益的事。不像以往那样，不是争分夺秒地沉浸在游戏中，就是大段大段地空虚和无聊。如今的我，积极地生活，鲜有闲下来又不知所措的时候，这也正是我曾经不断憧憬的人生状态。

我仍有感到无聊的时候，但这已经不再是因为空虚，而是偶尔被现实约束所致，比如工作中的开会学习，周围人群的纷扰，以及这样那样的等待。相比因为自身空虚而感受到的无聊而言，这种外在的无聊一点都不可怕，它们持续时间短，负作用小，如果转化得好，甚至可以把这些无聊变成一种调养，给人带来更饱满的精神状态。我的车窗边的格子里放着一个握力圈，每次等待红灯的时候我就会把它拿出来，两只手交替地捏。碰到开会学习之类的事，我就会以一种不易被察觉的方式锻炼身体，收紧腰腹，活动踝关节，提肛等，轮番地做这些运动，可以带来很明显的振作感，而且对身体也有很大的益处。其实，排解无聊的方式多种多样，关键是如何看待无聊，那些有心把无聊中的这点时间利用起来的人，一定是仍然爱惜时间，并且对未来有期望的人。

我们都学会了被期望，不知不觉地朝着被他人期望的方向走，殊不知每个人都应该对自己赋予期望，不管是八十岁的老者还是四五岁的孩童，不管是健康者还是有病患或残疾在身的人，不管是自由的还是不自由的，不管是声名显赫的还是默默无闻的，总之，不管身处什么样的状态，找到自己的期望就等于给自己的生活找到了方向。如果说生活就像不会停止的车轮，有期望的人就能驾驭这个车轮，享受沿途的风景，去想去的地方，活得很灿烂；而没有期望的人，就只能被车轮驾驭，周而复始地在一个狭隘的空间里打滚，虚度光阴。我猜许多人都设想过一件事，如果知道自己生命即将走到尽头，那么自己会做些什么，会怎么做等等，似乎这种时候他们才会珍惜时间，才会懂得生命的价值。如此荒唐地对待生命的方式竟然普遍地存在于我们这些最高等的生物身上，是人类的耻辱？是生命的耻辱？是地球的耻辱？No！是宇宙的耻辱！

在我这个年龄的人，很多把期望都寄托在孩子身上，对自己却渐渐松懈下来，他们把享受看得越来越重，对未来的追求则越来越漠然。以前我也会不自觉地这样去做，总以为随着年龄越来越大，生命就变得不新鲜，未来就不属于我们了。现在我已不屑于这样的想法，但是我不会因此去谴责哪个人，我把这归咎于整个社会，归咎于传统教育的缺失。我们从小被教育，什么"少小不努力，老大徒伤悲"，什么"吃得苦中苦，方为人上人"，还有从以前的"要考大学"到现在的"要考重点大学"，这些听起来很堂皇的论调，在我看来都是反映着自我期望的缺失。是不是小时候努力了，大的时候就该享福了？或者是不是小的时候没有努力，大的时候就只能伤悲了？是不是我们的努力就是为了让自己踩在别人的头上，或者是不是声名显赫了就该坐享其成了？是不是我们能走的路生下来就只有那么一两条，除了考大学还是考大学？或者是不是我们就只能按照前辈指引的路去走？这种逼迫人被牵着鼻子走的社会压力和教育方式真是可怕，但更可怕的是一代又一代的人还在不断传承着这种可怕的东西，昨天被牵着鼻子的我们今天去牵下一代人的鼻子，今天被牵鼻子的人明天将去牵他们的下一代。牛羊被圈养起来是为了给人吃，人被圈养起来又是为了什么？这个问题太过耸人听闻了，连我都不愿意深想。现在我们在提倡解放思想，可是我们，包括我们的下一代，从小被教化的不正是努力去约束自己的思想吗？动不动就这个真可笑那个太无聊，不要胡思乱想专心学习争名次，莫贪玩多弹钢琴多学英语，最重要的是一定要做个乖孩子。嘘，既然要解放思想，又何苦给孩子们这么多的约束？自我期望丧失的人们还指引着后代丧失他们自己的期望，悲剧啊。

　　基于最近一年里良好的表现，古黎对我的态度明显温柔起来，愿意体贴我，愿意和我说说话，也愿意听我说话，这仿佛回到了我们开始谈恋爱的阶段，我也逐渐享受起这些来。同时我还发现我说的话又开始管用了，因此我能够在合适的时候提出一些比较敏感的建议。比如有一次，我因为看不惯做母亲的拿恶毒的话语来威胁孩子，就找了个时机和古黎提出来，虽然事前我能想到古黎能接受我的建议，但没想到古黎接受得这么愉快，让我非常快慰。母亲很伟大，母亲很慈爱，但是做母亲的因为长时间地陷于琐碎的事情也常常会觉得腻烦，这时候身边的孩子如果不顺心了，母亲

| 与儿子一起努力

也常常会说些很难听甚至很恶毒的话。有几次我小时候不肯吃东西，妈妈就会说"吃啊，怕药死你啊"，还有如"不喜欢就滚，永远不要回来"，虽然都是些吓唬人的话，但这些都不断强化着孩子心理上的阴暗面。摸着良心说，拿我母亲来说，这种事有点对不起她老人家，但既然要说，那就只能拿自己母亲说了。其实做父亲的在这方面也好不到哪里去，只不过做父亲的常常不被孩子烦扰，烦躁的时候有再恶毒的想法基本是发泄到别的地方去了，抑或做父亲的粗暴一些也被认为是理所当然的，所以就不拿来这里说了。其实，不管一个人有多聪明，不管他活了多少年，也常常在各种简单的事情上犯糊涂，该使劲的地方不使劲，不该使劲的地方瞎使劲，该约束的时候不约束，不该约束的时候乱约束。所以人和人之间要经常互相督促，看穿的人要给看不穿的人讲讲个中道理，而每个人也要有自知之明，常常反思自己的一言一行，更要容忍甚至欢迎他人的批评和提醒。

有一天，我听见奕奕的奶奶用以前对待我的方式在训斥刚满两周岁的乐乐（我的侄女）"快吃啊，怕药死你啊"，我听后很不舒服。同一天里，我又听见奕奕的外婆在训斥奕奕："再调皮，我拿调羹戳过来了"，于是我决心要找个机会表达下我的观点。其实不管是我的妈妈还是丈母娘，不管他们是做母亲的时候还是做奶奶外婆的时候，都是足够慈祥又尽心尽责的，但是她们都有个缺点，基本不反思自己的行为是否存在不当之处，即使偶尔因为她们的行为造成了明显的冲突，她们也不愿意把责任归咎到自己身上，更不会主动道歉。我和这种顽固抗争了很久，小时候和母亲较劲，现在也常常会借机数落母亲，但我发现我的行为除了增大母亲的包容度外几乎没有对她的思维方式造成任何改变。所幸古黎没有这么顽固。好像也是同一天晚上，奕奕在准备上床睡觉前的洗漱中因为极不配合，被古黎训斥了："再不乖把你从楼上扔下去哦。"夜深人静的时候，我把古黎拉到身边，语重心长地道出了我的观点：不要强化孩子恶毒的一面。虽然我的口头表达能力不好，但是向来聪慧的古黎很快明白了我的意思，在我即将言不达意的时候帮我托住了主题:"嗯,这个你说的是对的。"

刚才我似乎说了一个发生在我身边的笑话,现在要重新回到那个自我期望丧失的悲剧上来了。一天晚上,奕奕占领了客厅的电视机,我和古黎分别做了些家务后聚在了沙发边上,这时我提出了一个观点:"以后别老和奕奕说'要做个乖孩子'啊,做个乖孩子有什么好的?"古黎听了后没有什么反应,也许是这个观点太老套了,引发不了什么思考,于是我补充了一句:"我们可以说'乖点啊',但不要说'要做个乖孩子'。"这个真的引起了古黎的兴趣。

"这两个有什么区别吗?"

"要求他做个乖孩子就是要求他按照我们大人的意愿走,这样不好。我们应该鼓励他按照自己的意愿走,引导他学会判断,进而学会独立,而不是总想牵着他走。让他乖点,是一种特殊情况下的督促,是告诉他有些时候必须听取大人的意见,比如涉及安全问题,再比如树立好习惯、摒弃坏毛病的时候。"我接着补充了一句,"当然不管说是'乖点'还是说'要做个乖孩子',在奕奕看来可能没什么区别,但是我们自己要明白其中的分寸。"

我看见古黎的眼珠转了一会儿,但是没说什么,我想她是同意了这个观点。被教化成乖孩子,基本就意味着丧失了自我期望,这样的孩子看起来也许讨人喜欢,但其实很可怜,明着要想大人之所想,做大人之想做,而自己真正的愿景却只能偷偷摸摸地酝酿。本来从他们身上或许可以酝酿出许多伟大的构想,但因为这些愿景不能见光,不敢尝试,所以就只能憋屈在萌芽状态,越来越萎缩。可是孩子终究不是牛羊,甘愿一直被牵着走,再乖的孩子到了一定的年龄也会起来反抗,这正是所谓的"叛逆"。其实我不喜欢"叛逆"这个词汇,我更喜欢说"抗争"。和那些无奈或者镇压不同,我尊重并且支持这种抗争,虽然我知道这种抗争绝大部分最终还是要屈服于这个社会的,因为长时间被牵着走的孩子最后发现已经走不出自己的路了,尽管他们曾经是那么渴望。当可怜的孩子再一次被驯服后,那些悲剧的制造者或许又要得意了,而更悲剧的是,这些可怜的孩子从此渐渐不再值得可怜,因为他们很快就将接班成为下一代悲剧的制造者了。所以,不让奕奕卷入这场悲剧是我的责任,不管其他人会如何约束奕奕,我相信自己能帮助他穿越这个大泥沼。

13 把理想还给孩子

有一天奕奕睡觉前,我随口问他长大后想当什么。奕奕脱口而出:"我想当幼儿园老师。"以前也问过奕奕这样的问题,他给的回答通常是"科学家",今天乍听到"幼儿园老师"这个理想,感觉很新鲜,我和古黎听了后忍不住哈哈笑了起来。奕奕听到我们的笑声显得很敏感,以为说错了理想被嘲笑,立刻涨红了小脸,并用双手捂住耳朵。这是他现在的一个标志性动作,只要一旦觉得我们在笑他,他就会这样做。其实绝大多数时候我和古黎的笑都是很开心的,但为什么会让奕奕觉得是一种嘲笑,我们一直很纳闷。为了不让奕奕误解我们的笑容,我对他说:"你的理想很好啊,妈妈和我都很开心呢。"接着我又补充了一句,"你想当什么爸爸都支持你,只要不当坏蛋。"

大人们喜欢听到孩子讲一些很高调的理想,他们也常常诱导孩子那么说,好像这能让他们感到满足。孩子们都明白这些大人的意图,除了个别犟点的孩子"傻乎乎的"执著于自己的想法外,大部分孩子都会"聪明"

地迎合大人的心理。我小时候也是随大流的一族，理想也都千篇一律，最多的应该是"考上大学"，然后就是"当科学家"。其实我小时候对理想根本没什么感觉，自由自在那么好，玩都玩不过来呢，为什么要费心思去琢磨那些虚无缥缈的理想呢？不过周边的大人都喜欢听我们谈理想，第一次被问及这个问题可能还会很窘迫，问得多了，自然也就坦然了，反正可选择的就那么几个。做强盗、当小偷、去要饭之类的绝对不能说，那是大忌，搞不好要遭来父母一顿耳光；工人、农民、清洁工等等也不能说，要被嘲笑"没出息"；大学生、解放军、科学家这些才是正常理想，能让那些大人满意；有时候我们也会很自豪地说要当国家总理、去太空探险、发明机器人，这些就一定能引起他们的惊叹。其实我的理想就是一个答案，能应付大人的问题就好，偶尔唱个高调玩玩新鲜博取一点掌声也不错。至于理想到底什么内涵，要为它付出什么，能不能实现这些问题鲜有人问及，所以也就不用去操心了。

其实所谓的理想大多是大人们的一厢情愿，绝大多数孩子并不会真正把说出来的理想当理想，他们的理想如果不只是应付，那最多也是反映了他们的无知和好奇。就好比孩子一会儿被地上的小虫或者垃圾吸引，一会儿被空中突然飘过的塑料袋吸引，一会儿被树干上的窟窿吸引，一会儿又被小池塘里游过的蝌蚪吸引一样，孩子的理想也因为好奇心的牵引总是闪烁不定、朝三暮四，某一刻的理想是什么取决于那一刻最吸引他的是什么。所以孩子的理想不是真正的理想，只不过是理想的萌芽，至于这个萌芽会孕育出什么理想，这主要看孩子自己的造化，不管父母、学校、还是社会，既无权也不该替他们做决定。有时候，我觉得孩子就像漂在水上，如果没有人照顾他，他或许就沉到水里，或许就漫无目的地漂着，只要有个落脚的地方，不管这个地方多么不堪，他也愿意留下；如果有人照顾他却过了头，给了他太多的约束，那么他或许学会了游泳不至于沉到水里，但很可能找不到自己该走的路，更去不了自己想去的地方；如果有人教会他游泳，又鼓励和保护他走自己的路，引领他游过人生的头几个灯塔，那么我想这个孩子最终可以勇敢而坚定地迈出真正属于自己的人生路。

很多人在对待孩子理想的这个事情上用错了劲，他们总想左右孩子，为了让孩子们顺着自己的意愿走，不惜用上威逼利诱的手段。有的人过早地放弃了自己的理想，却强迫孩子去实现那个理想；有的人听到孩子某天畅谈了一个高亢的理想，于是不遗余力地鼓舞孩子为之奋斗，殊不知那个理想只不过是孩子脑中无数易碎泡泡中的一个。我们不能让孩子自生自灭，但是我们也不能把亲情搓成缰绳拴着孩子走，我们要努力让孩子学会思考，学会判断，让孩子自己去认识这个世界，自己去寻找人生的灯塔。我们做大人的一定要搞清楚，人的立足之本不在于现在脚下走的是什么路，不在于别人将给他铺什么路，而在于学会思考，学会找路，学会走自己的路。如果我们自己还没明白这个事情，自己还走在稀里糊涂的路上，我们又有什么资格去给孩子指手画脚，难道就不怕耽误了自己再去耽误孩子？所以，为了自己，更为了孩子，别再摆出高高在上的样子，蹲下来和孩子一起学习，与孩子一起努力吧。

奕奕想做将军，我就给他当士兵；奕奕想做医生，我就给他当病人；奕奕想做老师，我就给他当学生；奕奕想做爸爸，我就给他当宝宝；奕奕想弹钢琴了，我就拿出给他买的书和他一起学习；奕奕想画画了，我就给他拿白纸，任由其将"大作"贴满客厅的空调柜机；奕奕想碰刀、玩火、攀高这些危险动作，我用各种方法不厌其烦地告诉他这些事情的危害；奕奕什么都不想了，我就帮他想，给他出算术题，让他背诗背成语背《三字经》，让他举重跳高，让他用英语讲出十种、二十种、三十种动物，还可以和他做各种游戏，比如让他教我滑直排轮；也有些事情，是我希望奕奕去做，但是奕奕又不想做的，那我就尝试说服他，如果他实在是不想去做，那就把这些事先放一放；还有些事情，是奕奕必须做的，比如早晚的洗漱、饭前洗手、按时吃饭等，这时候就要告诫他认真起来，不可以玩闹，要乖点了。虽然我有时也会不耐烦，但我要求自己尊重他的每一个念想，在我没做到位的时候，我愿意在奕奕面前及时检讨自己。

大人也会有各种各样的念想，比如健身、减肥、戒烟戒酒、搞收藏、下围棋等等，不过，但凡是这类健康的念想，能够持之以恒去身体力行的可谓凤毛麟角，大多数人的热情很容易被积习已久的弊病浇灭，要么眼高手低早早放弃，要么心浮气躁草草收场，也有很多终日被俗事牵着鼻子走的更别提实现自己的念想了。我说的念想，大致就是念头的意思，只是我感觉用念想似乎更贴切些。人们大多把念想和理想混淆了，以为念想就是理想，其实念想是很宽泛的，既可以是理想，可以是梦想，可以是幻想，还可以是胡思乱想。照我观察，没有几个人是真正有理想的，虽然我们从小开始就不停地喊着自己的理想。所以，喊了几十年理想的我们，恐怕还得静下心来琢磨下理想究竟是什么？其实我觉得理想很简单，就两个基本条件，一个是自己希冀的人生目标，一个是这个目标是可实现的，是合理的。所以，对于任何一个愿意为理想付出的人来说，大多数念想都可以成为理想，而任何理想都可能是阶段性的，前一个理想实现了又自然会产生另外一个理想；同样，对于任何一个不愿意或者不能为理想付出的人来说，任何所谓的理想都不是真正的理想，都只是梦想、幻想这类的念想而已。因此某些看起来很现实的念想，比如考上公务员，在这个人脑子里是理想，在另外一个人的脑子里却可能只是梦想。

我曾经也有这个那个的念想，想学学艺术、想研究经济、想练练武术，不过总是还没正式开始就结束了，很多很多的念想，频繁地开始与结束，我不知道怎么就习惯了这样的生活。直到奕奕来到我身边，在他一天天长大的岁月里我慢慢地改变了，现在的我仍有念想，虽然多数还停留在梦想的阶段，但至少已经有了属于我自己的理想，那就是"与儿子一起努力"。把"努力"作为理想是对我过往散漫人生的补救，失去了努力的人又有何资格谈理想？而理想中强调"与儿子一起"是因为为了儿子我必须努力，而努力后的我才有可能真正获得新的生命。我用最原始的方式赋予了奕奕生命，奕奕却用神奇的方式赋予了我新生命，这是多么美妙！在告别游戏后，我终于剪断了那根亲手缚住自己的绳索，解放了我的精神和时间，这种感觉就仿佛一个身陷泥沼的人一脚踩到了磐石上，那么踏实。从此，我可以用心琢磨如何培养奕奕，可以有规律地锻炼身体，可以经常反省自己，还可以更充分地休息和更丰富多彩地娱乐。逝去的时光，不管是天真烂漫的童年，还是浑浑噩噩的学生时代，抑或是沉迷游戏的那十年，不能说虚度，但至少是缺乏真正理想的。在感怀过去的同时，我懂得了珍惜未来，懂得了生命的价值在于不停地寻找并实现理想，而理想就如漫漫迷雾里隐藏的台阶，努力去摸索和攀登，我们才可以不断地登上人生的高点。

从我的体验出发，我不赞同在孩子面前高谈理想。我们应该鼓励孩子酝酿自己的理想，但绝不能把自己不成熟的或者是充满功利主义的理想观强加给孩子。理想不是苹果，别以为给孩子喂下去了孩子就有理想了。理想是未来，作为过来人的我们，可以用历史的经验指引孩子未来的路，但我们必须认识到，孩子的未来只有孩子自己才能看得见，也只有孩子自己才能做决定。很多在大人眼里看起来很重要的东西在孩子那里都只能是萌芽，理想也是这样，我们不能急于求成妄图拔苗助长，我们既要小心呵护那些宝贵的萌芽，又要鼓励它们经受些风雨，只有这样，它们才能茁壮成长。

把理想还给孩子就是把未来还给孩子。

14　打开心智——痴迷

　　奕奕会打牌了，奕奕喜欢上打牌了，奕奕迷上打牌了。

　　奕奕最早知道打牌这回事是因为过去几年里每个礼拜我总会和身边的朋友打一两次牌，而奕奕学会打牌则是因为在爷爷奶奶家的电脑里经常能看到我们在网上打"财神双扣"。我一直都是很喜欢打牌的，小时候和爸爸妈妈哥哥玩；读大学了更是天天打，什么升级、够级，在班里都是玩得最起劲的；工作后和几个云和一起过来的老同学、老朋友组合成了铁杆牌友，戏称"F4"，几乎每个礼拜都要通过打牌聚一聚，掐指算来，都足足十年了。在沉迷游戏的年代里，似乎只有打牌才能让我暂时抛弃和忘掉"英雄无敌"。不过和网络游戏不同的是，我喜欢打牌，但并不痴迷，打固然让我兴奋，不打亦不会觉得有何大不了。

　　以前爸爸妈妈在打牌这个事情上管得不严，暑假的时候我和哥哥随时都可以和周围的小朋友一起玩，寒假期间更有趣了，从年初一开始我们一家人几乎天天窝在家里打"红五"，从早上11点起床吃完中午饭后开始打,一直打到凌晨1点,当然中间要吃点晚饭和夜宵。不过到了读书的期间,我和哥哥几乎都不会再玩牌了,爸爸妈妈也从不在外面玩牌,或者搓麻将。过年家里人一起打牌的传统一直延续到我工作以后的头两年,直到我热衷于"F4"以后,因为我的退出,这个传统便不再继续了。说起来打牌这个事,就和打篮球一样,几乎陪伴了我快三十年,它们就像我的两个朋友,若即若离,依依不舍,没有痴迷过,也没有抛弃过,不像"英雄无敌",爱之如天堂,恨之如地狱,所以说,这两个朋友才是真正的朋友。

不记得自己是什么时候开始学会打牌的,肯定也是我很小的时候的事了,所以奕奕现在成了小牌迷,是我完全可以理解的。古黎对此颇多微词:"看你们家里人,个个都那么容易痴迷的,难怪奕奕会这样。"每次听到古黎这样的抱怨,我就会笑嘻嘻地说:"聪明的人才会痴迷。"然后就听到古黎不屑地说:"切!"我是真的一点都不担心奕奕成为小牌迷,因为痴迷就像人生路上必须经历的一道迷雾,只有穿得过去的人才能得到更广阔的天空,既然奕奕迟早要面对这道坎,为什么不让他早点面对呢?不像有些父母,一心埋头苦干、省吃俭用,只为垒砌一块块金砖银砖递给他们的子女,我想要送给奕奕的,是帮助他打开心智。怎样才能打开心智?很简单,关键在于如何面对问题,主动发现,积极面对任何问题是打开心智的关键。

问题就如心智之门,打开这扇门的钥匙就是去解决问题。每当打开了一扇门,心智就进入了另一个空间,很快又会发现一道门,恭喜你,继续努力打开这道门,再进入下一个空间,如果一个人能持之以恒地主动去这么做,那么这个人终将成为一个超凡脱俗的人,因为他的思维空间已经是常人不能想象的了。所以说,我认为打开心智,解决问题是关键,你能解决什么样的问题,就决定了你会问出什么样的问题,而通过观察一个人提问题的水平,也就基本能断定这个人目前的心智水平了。遗憾的是,绝大

与儿子一起努力

多数人打开心智的方式都是被动的，因为他们面对问题的态度是消极的，他们宁可不发现问题，宁可绕开问题，也不愿意主动去寻找并解决问题。所以，那些心智水平很高的人，绝大多数都是历经坎坷的人，在坎坷中他们不得不面对并解决各种各样的问题，不知不觉就帮助他们提高了心智水平。另一个可能的遗憾是，那些喜欢研究的人，比如科学家，是不会放过他们感兴趣的问题的，所以他们在某些领域的心智水平很高，但不足的是，因为他们只研究感兴趣的问题，所以他们的心智水平终究存在很大的缺陷（我不是科学家，我也很少接触他们，所以本论断纯属臆测。希望不幸对上号的朋友有则改之，无则加勉，并积极欢迎斧正）。

如果说我有什么优点的话，我可以毫不犹豫想到一个，那就是我会积极面对问题。究其历史，我认为这个优点的萌芽应该产生于初中时候开始的叛逆期。虽然那时候解决问题的能力非常有限，但是我尝试面对任何碰到的以及可能碰到的问题。很长的时间里，我被困在各种问题里面，鲜有破门而出的时候，但是一点一点的，因为我始终勇敢地面对加上不懈地思考，终于一扇又一扇的门在我面前打开，我看见的天空也因此越来越广阔。现在，奕奕有这样那样的"问题"，我自然不会担心，更不会像很多大人一样感叹"我的孩子怎么会这样"。我们中太多的人从小都被这样耽误过，一旦显露出所谓的"问题"，通常不是得到正确的引导，而是被责骂和禁止，不但没有在早期就把"问题"解决掉，反而最后自己却被"问题"解决了。就好比在痴迷这个问题上，有多少聪明人被痴迷所困，连我这么爱解决问题的人都被困了十年，如果现在用高压的方式遏制奕奕的痴迷，那谁能保证奕奕长大后不会重复我的悲剧呢？诚然，在解决痴迷这个问题上，我并不能帮助奕奕手到擒来，这有奕奕年纪尚幼的缘故，也有我自身力量不够的缘故。但没有关系，现在就引导奕奕用正确的方式关注这个问题，总比他十年、二十年后身陷其中、不能自拔时再去关注要好。

因为我的"纵容",奕奕这个小牌迷常常能过够打牌的瘾,虽然常常会招来他外婆和妈妈的嗔怪。她们在这点上显然并不是很理解我的做法,但是因为看到奕奕和我在一起玩牌时总能获得一些她们不曾想到的收获,也常常默许了。我懂痴迷,所以我不害怕痴迷,所以我可以把痴迷往好的方向引导,面对痴迷这个问题,我至少可以解决到这一步。因此就目前而言,我可以让奕奕也做到这一点:首先不要害怕痴迷,然后因势利导,让痴迷往积极一面发展。至于如何才能不痴迷,如何才能从痴迷中走出来这些问题,我尚且不能看清楚,也就不会盲目要求奕奕。我有一个信念,在感觉到自己能力有限的时候,首先要主动去面对问题,但同时也要知道,很多问题不是自己当下就能解决的,今天不能解决的问题可以把它留到明天。不要害怕问题,也不要见不得问题,这是一个明智的人或者一个希望成为明智的人应有的胸怀。

在奕奕刚刚喜欢上打牌的时候,每次奕奕输了,我会抽出几张牌让他做算术题作为"惩罚"。开始的时候,我出的题目总是简单的,渐渐的,我不断加大难度,从几张牌到几十张牌,奕奕的算术水平因此很快达到一个同龄儿童少有的高度。在算术上获得成功后,我开始在打牌的过程中引导奕奕锻炼身体,如果奕奕输了,我就要求他举哑铃,或者跳高,或者做俯卧撑,或者拍皮球,当然,我也经常会输,那么我就主动认罚,自己趴到地上去做俯卧撑。奕奕很喜欢看我做俯卧撑,常常在我做俯卧撑的时候爬到我的背上,把我当作海豚骑。还有很多有意义的事情,我现在正在通过打牌这个游戏引导奕奕去做,比如朗读,比如做各种测试题,比如背诵唐诗、成语等等,只要想得到的,都可以做。奕奕也知道,只要和我打牌就一定有这样那样的"惩罚"或者"奖励",但奕奕照样乐此不疲,早晨上幼儿园前要求玩几副,晚上回家在睡觉前的各种活动中,打牌更是少不了的。我则顺水推舟,除了在打牌过程中让他做些有意义的事情,在打牌前更是要求奕奕树立时间观念,抓紧时间做好该做的事,比如利索地吃早饭，利索地洗漱等等。很多原本不在他兴趣范围内的事，在打牌这个强心剂下，奕奕一概很配合。

其实，痴迷就和无聊一样，是所有人一生中都会面对的大问题。和无聊不一样的是，痴迷的时候精神总是亢奋的，然而和无聊一样的是，在痴迷这种状态下，也正是一个人容易得到锻炼的时候。很多对个人修为很有意义的事情，在通常的状态下大多数人总是消极地对待，比如学习，比如锻炼身体，比如个人卫生，但是在痴迷和无聊的背景下，只要引导得当，这些事情都会焕发生气，极大地提升一个人的振奋感。这真的是很多人没有想到，同时也是非常有趣的现象。如果通过我的努力，能够早早地帮助奕奕开启痴迷和无聊这两扇厚重的门，那奕奕眼前的天空必将不可限量。

我小时候对快乐有一种憧憬，那是一种在学习中获得充实感的快乐，是一种体验到一点点在进步的快乐，现在想来，当时的渴望其实就是希望有人引导我，使我在各种消极的状态下获得积极的感觉。我为什么会有这样的憧憬，是因为我时常能感受到这种快乐，可是获得这种快乐的方法虽然看起来很简单，但又似乎可遇不可求，完全不是自己所能控制的。多年以后，在我学着引导别人时，我看到了从他们眼里流露出的这种快乐以及对这种快乐的期待，我开始渐渐明白了，世上本没有不好学的孩子，之所以有那么多不爱学习的人，是因为没有碰到能够引导他们的人。

人区别于动物的本质是什么？是直立行走的能力，还是相对发达的大脑？如果你认为答案可以在其中选择的话，那我再问一个问题：一个在早期就脱离社会来到大自然的人和动物能有什么区别？我想他能活下来就已经是了不起的成功了，即使他活下来了，他能被我们称为"人"吗？难道不是"野人"、"泰山"，或者是"狼人"吗？所以，我觉得人区别于动物的本质不完全在于人之个体，更在于人之社会，即人类社会漫漫的进化史带给我们的积淀和传承。举个极端的例子，拥有最发达大脑的孩子没有人类文明的传承也成不了真正的人，推而广之，我们可以想见，对社会而言，不重视文明传承的民族不可能成为优秀的民族，对个人而言，不会学习的人成不了优秀的人才，对孩子而言，得不到正确引导的孩子很难成为一个会学习的人。

时下，教育孩子的形式五花八门，其中能称为方式方法的不多，能称为正确的方式方法的更是稀罕了，许多以教育者自居的人，不管是家长也好，教师也好，本身自己比孩子更需要被教育。所以，我不愿意把自己当作奕奕的教育者，我更愿意和奕奕一起努力，一起传承人类文明，在帮助奕奕打开心智的同时，也努力打开自己的心智。

15 打开心智——敏感

我现在很快乐,因为眼前很开阔,没有痴迷带来的不能自已,也没有无聊带来的无所事事,感觉很充实,平时与老婆孩子尽享天伦之乐,工作之余一有大段的空余时间就可以边思考边写书,抽空就锻炼身体,还可以自由自在做许多自己喜欢的事,所以现在的时光很充裕,又很灿烂,每天都是生机,每天都似乎在孕育着什么值得期待的东西。

现在的奕奕很敏感,这大概与我幼时差不多。小时候,在家边上有个澡堂,距离我家比到公共厕所还要近,是父母亲所在的工厂为方便职工及家属而设的,只有星期六和星期天开放。我们通常都是在星期六下午或者傍晚去洗澡。那时候不像现在有双休日,对学生来说,星期六下午是休息的,但对大人来说,只有星期天是休息的。我一般都和爸爸或者哥哥一起去洗,但有时候也会自己一个人去。女澡堂的格局我不清楚,男澡堂里分三块,门口是一大块更衣室,四周靠墙一圈都是挂衣服的钩子,中间也有个区域可以挂衣服,整个更衣室没有任何格栅,一走进去满眼光溜溜的一片。穿过更衣室朝东走，北侧是一小块能供七八个人泡澡的池塘，南侧是较大的淋浴房，大约有三四十个喷头。池塘很浅，但是因为父亲曾经反复叮嘱过那儿很脏，不能去，所以我们都习惯性地在淋浴房洗澡，几乎从不去池塘那块区域。记得一个冬天的傍晚，我一个人去了澡堂。大概赶的时间不对，澡堂里人很多，淋浴室里全挤满了，很多喷头下面甚至挤了好几个人在洗。有的和我一般大的小孩碰到这种情况会表现得很厉害，他们总能盯住某些喷头，插空就挤进去，只要挤进去一次，基本上就可以和原来的"主人"共用那个喷头了。我在这种时候也会有这种念头，但是我总是没有勇气尝试，似乎总有些东西让我感觉害怕。于是我只能默默地在边上等，希望有人洗好了让出位置来。那时候可没有空调，浙南山区也不会有暖气，尽管那么多喷头喷洒出的热水散发出很多的热气，但是冬天里，离开了热水还是有些冷飕飕的，因此一些"霸占"了一个喷头的人，尽管看到边上有人在等，也很少有人愿意主动让出来。有些蜷缩的我，可怜的只能把打在别人身上溅过来的热水当作享受，心里多少次在尝试勇敢地挤进去，但都没有付诸实施。此时如果能碰到要好的朋友在洗该有多好，不过又不能有他的爸爸在，因为这些大人此时都不友好，冷冷的眼神让人畏惧。突然，离我等待的地点间隔了一两个喷头的一个大人向我喊了声："喂，小鬼，到我这儿来洗。"这个人我不认识，是不是厂里的人也难说。父母亲所在的厂太大，光宿舍就分好几个区，不过洗澡的地方就这一个，每次洗澡碰到的人大多都不认识。那时候整个云和镇上我们这个澡堂是最好的，很多"社会上"的人都会花高价来洗，我们"厂里人"只需要花五分钱的一张澡票，他们则要五角钱。

冷不丁碰到这样的施舍，我却没有惊喜的感觉，反而一脸狐疑。我顺着声音看过去，一个剃着平头的年轻人在向我招手，我仔细端详了一下，有些顾虑，但终究没经得起热水的诱惑，默默地走了过去，在他让出来的热水喷头下快速冲洗起来。我没有表示谢意，也没有其他任何友好的表

| 与儿子一起努力

示。也许是看出了我的紧张，那个年轻人开始询问我"你叫什么名字"、"你爸爸是谁"这样的问题，现在想来他应该是厂里人，并且以为这样做能让我感觉好些，但是这倒让当时的我更加不安起来。为什么问东问西？难道他以为用点热水就能糊弄我，或者把我骗走，或者以此要挟我跟他走？瞧他的平头，一看就不像好人，我必须得小心点。从记事开始，一直到很大了，我对陌生的环境都很敏感，总有种稍显过分的紧张，往往在内心里把即将发生的事情演化得异常糟糕，以至于自己束手束脚，非常局促。当时，我"果断"地做出了决定，离开这个喷头，离开那个"坏"人。后来，我看到那个人在和边上的人议论我，大概是说这个"小赤佬"真奇怪，怎么问两句话就走了，一边还带着嘲笑。现在想来，我有些对不住那位年轻人，执拗地把他的好心当作了驴肝肺，以至于让他感到不爽。这个事情过去了二十多年，可在我的记忆里还是很鲜活，它一直在提醒我不要轻易把别人当作坏人。还有些时候，自己的好心也会被人莫名其妙地当作驴肝肺，想想这件事，心里也就平复了。

我曾以为这种在陌生环境里疑虑重重、束手束脚的敏感情绪是生活环境和教育环境造成的，我甚至直接把这归咎于我的父母，直到观察到奕奕的一贯表现后，我知道我错了。我现在觉得敏感可能只是一部分人先天的特质，并非人人都有，而我的父母只是没能针对这一点帮助到我认识和驾驭它，就像他们没能让我认识无聊，没能让我认识痴迷一样。我无意责怪父母亲做得不够，因为他们在主观上已经把一切都奉献给了我们，但是通过这类反思，我更相信在做父亲的这条路上，有无止境的空间值得我去探索。

今年（2011年）清明节的时候，我们一家和哥哥一家六个人去春晖公园玩，看看春色，晒晒太阳。在一处高台上，有一个充气的玩具城堡，许多孩子在里面玩耍，城堡的周围则有许多家长陪护着。我问奕奕要不要去玩，奕奕说要，一旁的乐乐也边跳着边拍手说要，于是我去买了两张票，让两个小伢儿进去玩。乐乐才刚满两周岁，没办法像奕奕那样玩，于是嫂子跑进去带着她玩，哥哥则站在边上看。因为奕奕经常在公园对面的广场上玩这个东西，没什么可担心的，也没什么新奇的，所以我和古黎在边上看了会儿后就直接坐在附近的木凳上自顾自地小憩。不过我是闲不住的，坐下不久就开始动起来，活动踝关节和膝关节，舒展大腿两侧的韧带，在有约三四十公分落差的高台间跳上跳下，甚至尝试了几次反身跳上去。几年前，在众目睽睽之下我还无法如此自在，然而现在，尽管我还保留着敏感的特质，但是已经没有那么多可在意的了。我想我尽可以把敏感用在需要敏感的地方，而这种阳光的场合，就放开来充分享受吧。一旁的古黎已经习惯我这个样子了，只是叮嘱我别弄得满头大汗。

半个小时过去了，他们还在玩，我凑近去看看奕奕。那里有个短短的圆柱体的"独木桥"吸引了很多小朋友在上面走来走去，这同时也吸引了我。我看见奕奕每次通过那里都不是走过去的，而是坐在上面靠双手慢慢地撑过去，于是我对奕奕说："别坐在上面啊，直接跑过去。"奕奕反问我："摔下来怎么办？"我说："没事的，这个地方摔下来也不痛。"奕奕接受了我的意见，只是不敢跑，站在独木桥上慢慢地挪过去，生怕掉下来。很快，我有了个新的想法，我对奕奕说："这样，你站在上面，然后跳下来。"奕奕对我的建议领会了一会儿，确信我是让他像立定跳远一般跳下来后，又问道："这么高啊？"我回答说："别怕，这里是气垫，不像别的地方，你试下就知道。"奕奕还是有顾虑："可我从来没从这么高的地方跳过啊。"我虽然懂他的顾虑，但也有些不耐烦了："总有第一次的。快点，别啰里吧嗦的。"接下来我重复了一句经常对他说的话："爸爸让你做的事你就大胆去做好了。"

奕奕再次看了我一眼，从坚定的表情里确定我不是在开玩笑，然后鼓起勇气跳了下来。不出所料，跳下来的奕奕兴奋得还要再去跳一次。看到奕奕再次爬到上面准备跳下来，我又产生了一个新的想法，我对他说："这次给你加点难度，你跳下来的时候不要像刚才那样站住，你顺势打个滚。"这次奕奕很快领悟了我的想法。因为在前不久，我和他解释过为什么在足球场上有的运动员要在草地上打滚，并且在家里亲自给他示范过打滚的动作，虽然我的动作有些笨拙，但显然已经给他留下了深刻的印象。奕奕照我说的做了，跳下来后打了个滚，完成了这个动作后他显得很开心。我想通过这个事情再次告诉他为什么让他打滚："以后如果你突然摔倒的话，不要用手去撑地，要像刚才那样打个滚。"还没等我说完，奕奕大声地嚷起来："哈哈，我知道的，那天你和我说过的。"我充满喜悦地冲他点了点头，奕奕似乎也看出了我的满足。在奕奕开始自顾自玩起这个动作的时候，边上有个比他大点的小女孩跑到我的边上，似乎很想和我聊天。我一般不会拒绝和孩子聊天，可是聊着聊着，那个孩子突然很亲切地叫了我一声"爷爷"，我以为自己听错了，反问她："你叫我什么？"她看我这么问，有些发怯，不过还是如实回答了："爷爷。"我"哦"了一声，没有纠正她，爷爷就爷爷吧，我知道这是聪明"绝顶"闹的。我指着独木桥接着说："你去玩吧，你也可以从那上面跳下来。"小女孩很配合地爬到了上面，说："太高了，我不敢。"我告诉她："没关系的，别的地方这么高不能跳，这里可以跳。"小女孩很快跳了下来，和奕奕一样，也嚷嚷着还要跳一次。

在和这个小女孩聊天的时候我一直在想一个问题，如果她和奕奕一样敏感，她还会主动跑过来粘着我聊天吗？她会对我提出的建议如此听从吗？我认为答案是否定的，因为奕奕不会对一个陌生人如此放心。所以我想，人们对外界的敏感度上的差异也正反应了他们先天上的区别，敏感一点的人显得胆子小，反之则显得胆子大，但最终的问题是我们应该怎么看待这两者的区别。古黎有时候会皱皱眉头说："奕奕胆子太小了。"此时我通常会试图纠正她："小孩子敏感一点好，安全。"敏感的人容易培养较强的洞察力，在躲避危险方面也更有优势，但是敏感的人又往往不合群，放不开，难有大作为。不敏感的人正好相反，他们的智商相对不高，但是他们更容易相处，更容易形成团队力量。这大概也就是情商和智商的辩证关系吧。如果把两者推入极端，极端敏感的人就成了极端自我，无法和外界正常相处的人，而极端不敏感的人则成了大大咧咧近乎傻子的人了。我相信大多数人都在两个极端之间，只不过有的偏向敏感，有的偏向不敏感，那么有没有人可以两者兼备呢，即他们又可以有敏感者的聪明，还可以有不敏感者的开放呢？我想一定是有的，我自己就正朝这方向在努力，而奕奕，我也要努力让他朝这个方向去走。

前不久的一个下午，大约4点半的时候，我带着刚从幼儿园接回来的奕奕一起去接快下班的古黎。在古黎单位的门口，我和奕奕待在车上左等右等都不见她下来，电话打去也不接。大概十分钟后，古黎终于打来电话，说现在正忙，让我们再等会儿。也好，我和奕奕索性下了车，在附近的一条人工开凿的排洪渠边上玩了起来。这个排洪渠是南北走向的，东侧是一个高档的住宅小区，古黎的单位则挨着这条排洪渠的西侧。沿着排洪渠的西侧是一条满布绿化的长廊，有各种各样的植物，色彩丰富，高低错落，在这个晴朗的春天里显得很宜人。我们是第一次来这儿，以前因为接古黎都是匆匆而过，只撇得长廊的一角。记得有一次奕奕提出要去玩玩，不过因为时间匆忙也就罢了，这次正好弥补一下。自从去年春天奕奕和我一起尝试给植物做标本，我们就养成了喜欢观察植物，记住植物名字的好习惯，现在只要遇到没见过的或者是长相有些怪异的植物，我们就会驻足"研究"一番，提出一些问题，然后针对问题猜测各种可能性，即使总是无法从中得出标准答案，我们也并不感到遗憾，因为我们正在做的事情比

| 与儿子一起努力

标准答案有意义也有趣得多。这天，我们注意到一种花，很奇怪，它的花是一团一团的，直径大约十公分不到的一团里有几百朵白色的小花紧挨在一起，更有趣的是，在花团的最外面一圈开的花明显比花团里面的花大得多。我观察到这个特点后，问奕奕："快看，这花真奇怪，你看出来了吗？"奕奕凑过去又仔细看了看，试着回答我："花是白色的？"我说："花是白色的，但是白色没什么好奇怪的啊。再仔细看看。"过了一会儿，奕奕又说了："很多花，有的开有的不开？"我对他的说法表示了赞同，但我也知道他可能无法很快找出我设想中的规律，于是直接把我观察到的东西告诉了他。奕奕现在记性非常好，即使哪天我都忘记了有这样的花，他还会很清晰地告诉我。记得一次在公园里看到一种树，我记得这树有奇怪之处，但就是想不起奇怪在哪里，没想到奕奕马上提醒了我，原来这种树上长着两种形状的叶子，以前我们"研究"过。

在我们欣赏花草的时候，我一直在等着古黎的电话，可是一直没等到。奕奕玩得兴起，要我带他去更远的地方。我对他说："我们不能跑远了，等下妈妈找不到我们要哭了。"这引起了奕奕的兴趣，反问我："妈妈真的会哭吗？"我对奕奕笑了笑："当然会啊。不过我问你，妈妈如果找不到我们她会怎么做？"我经常会见缝插针地为难奕奕，奕奕也习惯了被我刁难，同时也习惯了这种突然间被迫进入思考的状态。

"会打电话。"对这样的问题奕奕已经被考过好几次，所以这次他很轻松地回答了出来。但是我不会只给他这么简单的问题。

"如果妈妈电话打来也找不到我们，有可能是什么情况？"我接着问。看到奕奕对我的问题不是很理解，有点无从回答的感觉，所以我例举了一个答案，帮助奕奕打开思维。我说："比如我们关机了，妈妈就找不到我们了。还有什么情况？"

"手机坏掉了呢?"奕奕想了想,给出了一个答案。我点了点头表示认可,并让他接着想。

"手机没电了?"给出这个答案后,奕奕不愿意再想了,对我说:"我已经说了两个了,轮到你说了。还有什么情况呢?"

"还有很多种情况呢,比如手机没带在身上,比如没听见手机的声音,比如手机没信号了。"奕奕很专注地听着我说的每一种可能性,并不断地问我:"还有呢?"

"还有我们故意不接电话。"说了这句话后我顿了一下,接着有些意味深长地说:"你看,一个意外的事情产生的原因会有这么多种情况,所以当我们碰到意外的时候不要老是往坏的方面去想。"奕奕对我后面这句话没有表示任何兴趣,尽管我讲得津津有味。其实我也知道,这话与其是说给奕奕听的,还不如是说给自己听的。所以紧跟着这句话,我又补充了一句:"爸爸就经常犯这种错误,你可别像我这样啊。"奕奕仔细看了看我,从他的眼神里我看出他并不理解我所谓的错误究竟是什么错误。我也不多解释,这种与生活经历相关的体验不适合在这种时候干巴巴地唠叨,以后有的是机会说给奕奕听。

每个人的心里都住着许多魔鬼,贪婪、虚荣、自私、色情、暴力、猜忌……有的小,有的大;有的在变小,有的在变大。平常,它们被良心和正义这两个门神压制着不敢随意动弹,良心在里边看着,正义在外边看着。有的时候,良心和正义也会打盹,这时候,这些魔鬼就会蠢蠢欲动,有的会跳出来撒野;还有的时候,当一个魔鬼膨胀到一定的程度,即便良心和正义都坚守着岗位,这个魔鬼也会不顾一切跑出来兴风作浪。当然,不是每一次魔鬼出动的时候都会酿成不可饶恕的后果,也不是每一个制造罪孽的魔鬼都会被良心和正义镇服。有的人小心翼翼地驾驭着某个魔鬼并且时刻提防着良心和正义的责罚，不停地寻找机会干着坏事，他们已经不是人，他们已经将自己变成了魔鬼。绝大多数人都不是魔鬼，所以这个世界是良心和正义的，大多数因为干了坏事而受到责罚的人也不是魔鬼，他们只是一时间被魔鬼左右不能自已。冲动是魔鬼，这句话很妙，但是没有说到本质上。我觉得冲动本身不是魔鬼，它是释放魔鬼的钥匙，推开了良心和正义这两扇大门，将心中的魔鬼放了出来。每天的新闻里，都有各种各样残忍的事件发生，其中不乏惨绝人寰的。令人震惊的是，这些事件的制造者大多数是普通人，他们或者酒后肆无忌惮，或者因为一个疑心胡乱猜忌，或者因为一点摩擦无限升级，最终酿成令自己追悔莫及，让旁人扼腕痛惜的大祸。

我的心里也住着许多魔鬼，它们中的大多数在慢慢变小，但还有一些依然在膨胀。当我发怒的时候，在心里常常会演绎一出暴力甚至血腥的事件，虽然最后都没有成为事实，但这很明白地告诉我一个名叫"暴力"的魔鬼已经在我心里长大到很可怕的地步了。还有的时候，我会因为猜忌而在心里演绎一出类似恩断义绝，或者以怨报怨这类冷漠无情的悲剧，这也让我更加领略了"猜忌"这个魔鬼的威力。大概就是和奕奕检讨自身错误的那一天，我和某人约好晚上 8 点半会面，因为游泳我推迟了十几分钟，看到"未接电话"后我回拨了过去，发现对方关机了，那时我的第一反应就是抱怨，认为此人太不厚道，然后在此基础上做出了种种推测来强化自己的不良情绪。不过当我一想起白天在奕奕面前的自我检讨，顿时惭愧起来。后来对方也和我解释，因为那天从外地开长途车赶回来，非常累了，又因为几次通过电话联系不到我，就先关机睡觉了。其实大多数事情都不是我们想象中的邪恶，很多事情即使存在邪恶，也远没有我们想象中那么严重，所以当我们遇事不顺的时候要学会释怀，而不是纠缠在各种偏激的假想中。我想，遇事不顺时习惯沉浸在偏激的假想中应该也是敏感的一个表现吧，难道敏感也是一个魔鬼，或者是培育魔鬼的催化剂？

不管怎样，在光明的世界里魔鬼终究不可怕，可怕的是我们不但不去克制它，还不断地去培育它。认识到这一点，有助于我们驱除心中的魔鬼。

第❸卷

努力永不言迟

I 与儿子一起努力

01 身在福中不知福

　　我忘记了自己什么时候摆脱了依赖，但是我始终记得那种能够依赖的幸福感，即便我渐渐长大不能再靠着依赖过日子，即便我曾一度向往那些被依赖束缚住的自由，可那种饿了就有的吃，累了就有人关心，被难住了就有人开导，刚想往错误的方向走就有人勒住了你的马缰，闭上眼睛就能脱离危机和烦恼的感觉，我怎么敢忘记，我又怎么能忘记？我的父母、哥哥，他们是给了我足够多依赖感的人，我对他们的爱深入骨髓，从我开始懂爱的那刻起，这种爱便随着血液在周身不断流淌，越来越澎湃。如今，他们仍然渴望给予我关心，尽管他们知道我早已不再需要依赖，而走出依赖的我，也开始学会了被依赖，虽然那些曾经给我依赖的人还不需要依赖我。也许人就应该是这样，从需要走向被需要，从依赖走向被依赖，或许，这本不是需要不需要的问题，也不是依赖不依赖问题，这是爱！我们可以看到动物身上尚有爱的影子，而作为人类，我们更应该记住爱，理解爱，升华爱。要相信只有被爱引导的人类才可能有美好的明天。

奕奕正处在需要依赖的年龄，不管是物质上还是精神上。奕奕很幸福，有很多人愿意无私地并且全心全意地给予他任何依赖。不过，奕奕还不懂得这是一种幸福，也许，在他眼里，这一切都是理所当然的。不管是丰厚的物质保证，还是无微不至的精神关怀，奕奕都习惯肆意地对待，不懂感恩和珍惜。我不是在批判儿子，而是在一个角度上对奕奕目前的精神状态做一个客观的评价。确实，在充裕的环境里懂得珍惜并不是人们与生俱来的品质，这必须是后天习得的。包括我在内，大概任何一个出生在相对宽裕的环境中的人从小都被大人抱怨过"身在福中不知福"，但这从根本上说不是孩子的错，即便因为这一点导致孩子长大后不懂珍惜甚至肆虐成性，我认为这更多的还是应该归咎于社会风气，归咎于教育无方。

我本以为谈论幸福应是一件很轻松的事情，没想到写着写着越发感到沉重不堪。思索良久，我发现幸福原本就该是沉重的，只有心思沉重的人似乎才可能拥有更深刻的幸福感。至于孩子，本没有心思，更谈不上沉重，自然就不会有幸福感。很多人，为了给孩子幸福，不遗余力地施与他们认为的好东西，可是又总发觉孩子似乎对此并不领情，这时候，他们不是反思自己的行为是否不当，反而常常嗔怪孩子。其实，尽管每个过来人都该知道诸如水、粮食这些物质是宝贵的，也该知道诸如自信、坚强、忍耐这些精神是宝贵的，但让我们站在孩子的角度来想想，假如你是一个只在水乡生活过的孩子，你能体会到水很宝贵吗？假如你出生在一个每天都吃不完并且要倒掉很多剩菜剩饭的家庭里，你能体会到粮食很宝贵吗？假如你一遇到麻烦些的事情就立刻有人出来帮你化解，甚至你连遇到麻烦的机会都没有，你能体会到那些精神力量的宝贵吗？我想绝大多数孩子在这种无忧的环境中不能真正体会到过来人眼里的可贵之处。所以，现在孩子不懂得珍惜应该被看做是一种常态，而奕奕目前就处在这种状态中，但这种常态其实是一个可怕的陷阱，比陷阱更可怕的是那些挖陷阱的人竟然都

与儿子一起努力

是爱孩子的人，这意味着孩子一旦跌入陷阱无法自拔时将很难有人可以帮助到他，因为那些愿意帮助他的人也许都是陷阱的制造者和维护者。

在我很小的时候，有一次和父亲两个人一起去缙云老家的横塘岸村给爷爷祝寿。横塘岸是父亲从小长大的地方。可对我而言，这儿只是一个陌生的所在，惟一有意义的就是去看望陌生的爷爷奶奶。和云和一样，这里也是山区，只不过，我生活在城镇里，而爷爷奶奶住的地方则是地地道道的农村。不像我们那里平地垒砌的砖瓦房那样平整，这里的房子都是沿山坡搭起的木结构，每户人家好像都是上下两层的，楼梯是内置的，门口几乎都粘贴着旧的发白的而且快要掉下来的对联，房间里的摆设和城镇里看到的完全不一样，这里一个大水缸，那里几个斗笠，上面晾一大筛子花生米，下面挂了几串干辣椒，而在我的生活里应该有的电视机、沙发等等在那里一律是奢侈品，偶尔有几户人家也拥有，但是无论摆在哪儿都显得异常突兀。印象里除了那次是和爸爸单独去的横塘岸，其余基本是过年时候全家人一起去的，去的次数不多，不过每次去都似乎有一种荣耀感，因为村里上上下下打量我们的眼神都很奇怪，嘴里还常常说着："城里人，城里人。"尤其是当我们在年三十晚上在爷爷奶奶家附近的一块平地上燃放从云和特意带来的烟花的时候，似乎全村的老少都围拢过来观看，那场面，让幼小的我感到自豪。

给爷爷祝寿的情形其实早就全然模糊了，然而有一个场景，却让我一直回味至今。记得大概是这样的，爷爷的寿宴是附近乡亲一起帮忙搞起来的，吃饭的时候也是在挨家挨户的邻居家里都摆一个桌子，菜则陆陆续续地添上来，人很多，很热闹，女人们忙着烧菜端菜，男人、老人和孩子则尽情地吃。我和其他孩子在吃上面没什么区别，只挑自己喜欢的吃，很快就吃不下了，也坐不住，于是很多小孩就开始在大院子里玩耍。我看见爷爷奶奶家的门口有几箩筐白馒头，馒头的中间还有一个红点，我以为很好

172

吃，忍不住拿起一个咬了一口，发现也就是一个普通的馒头，于是当着很多孩子的面随手就扔了，还自以为挺潇洒的。后来我在边上玩耍的时候，无意中看到爷爷在弯着腰捡起我刚才扔在地上的馒头，然后拍了拍上面的灰尘，竟然一口一口地吃了下去。我有些惊讶，这在我们那里从地上把东西捡起来吃是不可想象的，那多脏啊，再说了，那么多馒头，至于在乎这一个吗？

现在，我不再为自己小时候的无知和亵渎感到愧疚，因为我已经把这种愧疚转化成了一种力量，它牵引着我用最谦卑的心态去和大自然相处，一粒米、一滴水、一棵小树、一缕阳光……爷爷没有企图教育我什么，但是他用最真实的想法和行动打动了我，让我一直记住那一刻，当我遇到或者想到一些与此相关联的事情的时候，那幅爷爷捡馒头吃的画面就会时不时地跳出来，似乎想告诉我点什么。我和爷爷相处的时间少之又少，加上爷爷不会讲普通话，更不爱说话，我们之间的交流几乎没有。九二年夏天他去世的时候我和哥哥跟随爸爸去了横塘岸，我好像是去旅行一般，对爷爷的死勾不起一点感触，更谈不上难过。可是现在，我却发觉其实爷爷一直都活在我心里。

| 与儿子一起努力

02　被依赖的责任

　　孩子是需要教育的，但是如果现实和教育差距太大，教育能够起多大作用？会不会反而让孩子更加迷失呢？孩子依赖我们，不代表孩子就该受我们左右，尤其是我们自己尚且不能做到该做的事，又有何资格去左右孩子呢？要知道那些浮于言表并且与实际行动相悖的教育只能让孩子厌恶教育，甚至厌恶教育所指向的任何好的东西。我幼时的年代总体上是注重节约的，不管是行为上还是教育上，但随着物质环境的渐渐宽裕，很多人开始不受节制，喜好浪费，享受奢侈，整个社会风气也由此转变，节约与浪费共存。与此同时，很多不良的社会风气，如贪污腐败、吃喝嫖赌等等也都开始兴起。可以说，我就是在这种观念的急剧动荡中长大的，身边有许多优良传统的影子，同时也有很多丑陋言行的召唤。我记住了爷爷，因此成为一个倡导简朴的人，但不要忘记，我也曾经受到不知何方的影响，把扔馒头当作一种潇洒。所以，漫漫的人生路上，我庆幸一直在纠正着自己，庆幸自己没有被邪恶拉去，然而在早几年，我尚且不敢说这样的话，我尚且在迷惘中寻找方向，所以今天的我必须庆幸，庆幸自己在动荡中找到了中意的位置并立下了脚跟。

现行的教育环境，不管是家庭的、学校的还是社会的，完全有能力也有把握把任何一个正常人培养成一个知识分子或者是专业人才，但却几乎没有人敢保证将一个人培养成道德模范，这在几千年来重视德育的中国来说简直是个笑话。几千年啊，看看人类都发生了什么样的变化，从被自然欺负到将自然凌虐得千疮百孔，从拳打脚踢的小打小闹到现在随时随地都可能爆发导致全人类毁灭的核威胁，可是我们的德育水平却还停留在《三字经》、《弟子规》上，更要命的是，嘴上的口号，表面的敷衍或者作秀似乎远远大于实际行动，这种德育是真悲哀！

这个世上有很多的道德卫士，每遇风波乍起，他们就跳出来喊喊杀杀，咄咄逼人之中充满了正气和思辨，我从他们身上确实汲取了很多有益的东西，但是我从骨子里不信任他们，不相信他们会按照要求别人的标准去要求自己。我也向往阳光，我也善于观察并且爱思考，我尚且在寻找道德的方向上迷失了那么久，我自然有理由相信这世上有太多的人迷失在道德中，包括那些道德卫士。在我眼里，道德应该是自己前行的方向，而不是砸在别人头上的暗器，真正的道德卫士，是那些时刻践行道德并因此感化他人去践行道德的人，而不是把道德放在嘴上或者指尖上当作把戏来耍，更不是当作什么攻击人的武器。

我是幸福的，因为在我需要依赖的年龄里父母给了我很多，不仅仅是生活上的保证，更给我树立了许多道德表率，善良、勤劳、节约……记得有一次，大概过十岁了吧，我在邻居家里和小伙伴一起玩躲迷藏，我在他家的床下发现了一个弹弓，于是偷偷把它放到口袋里带回了家。当我回到家里，得意地把玩这个弹弓的时候，母亲注意到了。我已经忘记了究竟是主动交代的还是因为撒谎水平太差，母亲很快就知道了那个弹弓是我从别人家里"捡"来的，我清楚地记得母亲当时很严厉地告诉我那不是

"捡",是"偷",并要求我必须立刻还回去。我也是个要脸的人,起初扭捏着不肯,但在母亲的逼迫下只能哭哭啼啼地将弹弓送了回去。邻居家的妈妈没有当面笑话我,更没有责怪我,还说要把这个弹弓送给我,当时我眼睛一亮,以为那是真的,没想到母亲很坚决地拒绝了。尽管现在的我早已明白母亲的用心,但幼时的我在当时的情形下充满愤恨,好在事后父母及时开导我,让我从此与"偷"划清了界限。母亲以前给我讲过一个故事,我至今不忘,故事里说一个孩子小的时候不懂规矩,从邻居家里偷了针,妈妈没有责怪他,反而夸赞他机灵。后来这个孩子越长越大,偷的东西也越来越多,最后,他因为偷了别人家的牛被抓进了囚牢,母亲则哭天抢地、后悔莫及。我也多次把这个故事以及发生在自己身上的故事讲给奕奕听,尽管他总是听得很认真,但是发生在别人身上的故事终究不够深刻,所以,我知道要让奕奕真的明白道理,必须联系他自己的实际生活时时刻刻叮嘱他,告诫他。

奕奕比我更幸福,关怀他的人更多,各方面保证更丰厚,加上我这个又当爸爸又当哥哥的超级大男孩相伴左右,奕奕无比快乐。其实奕奕真的比我少了一个宝贝,那就是哥哥。我有哥哥,我知道哥哥对我的重要性,尽管我们那时候时常会争吵打斗,但是我从哥哥那里获得了很多东西。因为他少年时期各方面的优秀,我凭空获得了足够多的荣誉感,并且他的很多优秀品质,如先人后己、任劳任怨、一身正气、敢担当等等,都在以后的很长一段时间里在我脑海里慢慢酝酿,深深地影响着我。哥哥还是我儿时一直跟随的玩伴和保护者,没有他的相伴,我的童年不会那么丰富多彩,可能也不会那么太平无事。所以我很愿意给奕奕做哥哥,和他一起玩,没大没小没忌讳,在有必要的时候我就"变身"成父亲,做些"高瞻远瞩语重心长"的教育工作。

03 越闹心越幸福

幸福的时光总是过得特别快,转眼就夏天了,现在已经是五月中旬,天比较热了,我们早晚出门只穿着短袖。这天傍晚,我和奕奕两个人又去春晖公园走走,夏天的午后,有些微风,加上景色宜人,很多人逗留在此,有的在健身,有的在玩耍,还有些就坐在公园的椅子上轻轻地聊天、小憩,从某个角度,某种心情来看待这样的场景,或许能勾勒出一幅天堂的景色。在公园门口的大石头上,奕奕照例要爬上去玩玩,现在我已经不用陪着他上去了。下来的方式也变了,不像原来那样我拎着他的手慢慢放他下去,而是奕奕从石头上高高地跳下来,我则在地上将他一把抱住。奕奕第一次用这种方式下来是被我逼的,不过后来他就喜欢上了这种下法。危险无处不在,但是在可控的范围内,尽量让他尝试些他原本不敢做的事情,然后和他说清楚其中的利弊关系,我认为对他的身心发展有很大的帮助。公园里有个桂花岛,要上去那个岛得经过一块水塘,水塘里有几块大石头,走在石头上就可以上岛了。记得有一次,天还挺冷的时候,我们一家三人散步来到这里,奕奕信心满满地在石头上走,可是就在即将登岸的

与儿子一起努力

那一刻,他一脚踩空,右脚膝盖下全浸湿了。本来在这种情况下,家长之间互相埋怨,孩子则哭哭啼啼是很正常的,不过那天我和古黎的心情都调整得很好,古黎没有丝毫责怪的意思,我则如遇上一件非常好玩的事情一般大声嬉笑,落水的奕奕被我们的情绪感染,本来应该觉得委屈的反而乐观了起来。在挫折面前,我们给奕奕做了个正确的示范:没什么大不了的。那天我们很快就把小小的不顺利处理好了,后来我们第二天特意又去了公园并来到水塘边,在我们的不断鼓励下,奕奕克服了心理障碍,登岸成功了。一件让人沮丧的事却能够给我们带来快乐,这对我们三个人都是美好的体验,它告诉我们,不要害怕挫折,不要被挫折打败,换个有趣的说法就是:不是东风压倒西风,就是西风压倒东风。

这天,我和奕奕踩过石头登上桂花岛,岛上已没有桂花,早些天来的时候这里的四季桂也还是开着花的。不过原本空洞的荷塘倒突然披上了一层布满各种圆形花纹的绿毯子,大的是荷叶,小的是浮萍,配上空中随风舞弄的柳叶,生动之中大有你方唱罢我登场的得意之情。"碧玉装成一树高,万条垂下绿丝绦。不知细叶谁裁出,二月春风似剪刀。"在奕奕用着仍然不清晰的唇齿念出一首诗的工夫里,我们已经穿过一座木头桥走出了桂花岛,眼前一片豁然景象,西面是一大片草坪,东面则是更大的一片人工湖,在草坪和湖泊之间有条小路,路旁立了一块和奕奕一般高且没有棱角的大石头,路过的孩子们都喜欢爬上去玩,奕奕也不例外。其实奕奕还没有足够的把握能够攀上那块石头,即使借助很长距离的助跑,不过从之前的没有成功过,到偶尔成功一次,再到现在的经常能成功,能看出奕奕在长大,也能看出适度的挑战能够给孩子带去的乐趣。在连续两次挑战成功后,奕奕有些漫不经心起来,在嘴里哼着自创的曲调做第三次攀登的时候,意外发生了,大概是支撑的右腿软了一下,整个身体失去平衡压在了右胳膊上从石头上滑了下来,因为右手肘处的擦伤,奕奕立刻感到疼痛并开始哭泣起来。我明了整个过程,因为轻视而导致受伤,但伤势并没有到值得大呼小叫的地步，我认为这是奕奕应该得到的惩罚，同时不觉得这种情况有什么可安慰的。而奕奕希望在我面前寻求安慰，不过他发现我并没有安慰他的意思，于是哭得越发来劲了。

"呵呵，谁让你这么得意，还'嘟嘟嘟嘟'地唱歌。"我模仿奕奕刚才出洋相前的样子，笑嘻嘻地对他说。我本想逗他笑，顺便告诉他这没什么可哭的，不过奕奕显然被我这种态度激怒了，还试着想"揍"那块石头，但又不敢下手，于是索性嚎了起来。我不买他的账，开始一本正经起来："别哭了，石头可没想欺负你，是你自己掉以轻心惹的。再说了，这点伤有什么了不起，过一会儿就好了。"

"别碰！"看着奕奕想去触摸伤口，我一声喝止："那儿不能碰，白细胞正在作战，你不去碰伤口很快就会好的。"关于白细胞的作用，奕奕很早前就知道了，他听从了我没去碰那伤口，但是哭声仍不减。我终究不想去安慰他，而是希望他感受到坚强，虽然他很有可能体验到的只是冷酷。不过我想对一个将来要担当很多责任的男孩子来说，偶尔遭遇些冷酷总比一味地软绵绵地呵护要好。此时很多路人都注意到了我们这边的情况，尤其是边上两个椅子上坐着休憩的两对年纪较长的夫妇一直在关注着我们，我猜想他们此时关心的不是哭泣中的奕奕，他们大概在怀疑我这个厉声的并且面无表情的男人到底是这个小男孩的什么人。

"很痛吗？"我质问道，看到奕奕点点头，我继续说："这样，你再试一次，这次不要再洋态兮兮了。如果你把这块石头征服了，你就不会再觉得痛了。"奕奕疑惑地看着我，摇着头不肯。我不管他肯或不肯，把他拉到离石头十来步远的地方，那是他开始助跑的距离，我的手朝石头一挥，说道："上，冲上去。"奕奕边抽泣边摇头："我不要试。"我不依不饶，用手推他的后背，大声说："怎么，一块石头就把你打败了，你不是很厉害的吗？你的功夫呢，什么'火舞旋风'、'火星大力拳'到哪里去了？"

与儿子一起努力

奕奕现在喜欢上看动画片了,什么《虹猫蓝兔》、《电击小子》,还动不动就要求我们给他买各种武器,最喜欢剑,经常背在背上,像个大侠一般。平时爱跟我打闹,一边张牙舞爪,一边嘴里喊出各种离奇古怪的招法,大概都是电视里看来的,还有些应该是从幼儿园里的其他小朋友那儿学来的,我因此也学会了很多。

"连石头都打不过还想跟我打,哼。"我装出不屑的样子继续刺激奕奕,不过老实说,我也不知道自己当时不屑的情绪到底是装的成分更多还是自然流露的成分更多。看得出奕奕有些心动了,看来他对大侠的名声还是在意的。我不想再去推搡奕奕,而是希望他自己做出决定,于是我索性离开他几步远,在草地上蹲了下来,撇过头去假装不理睬他。奕奕看看我,又看看石头,走到石头边上,又走了回来。我看他犹豫不决的样子,又好气又好笑,于是想着再刺激他一下。我说:"嘿,这样吧,你干脆走到石头边上,跪下去给石头磕几个响头,给石头认个错,承认你被它打败了,然后我们就走。"奕奕大概不相信他听到的话,于是反问我:"什么?"我用同样的语调把刚才的话重复了一遍。也许我的话口味太重,彻底把此前一直在关注我们的那两对一直坐在椅子上的夫妇激活了,他们开始替奕奕加起油来,这边说"勇敢点,冲上去",那边说"快,我们给你加油鼓掌"。奕奕这时候才注意到有这么多人在注意他,这边看看,那边看看,有些羞涩。想来没有退路,奕奕鼓起勇气向石头冲去,如我想象般轻松,不过奕奕倒好像是完成了一件艰难的任务,压抑住心中的得意和喜悦走到我的面前希望得到赞许,我如他所愿,给了他一个灿烂的笑容,然后摸摸他的头说:"看,只要你不害怕,事情就变得很容易。再试一次看看。"奕奕做了个准备动作,再一次顺利地冲到石头上,这次的他不再克制自己,直接横躺在石头上尽情展示其得意之情,我从自己身上读懂奕奕的本性,那种将来会给他带来无数悔恨和烦恼的本性,于是再一次告诫他:"好了,别洋了,小心从石头上掉下来。"我要求奕奕跟那几个刚才给他鼓励的老年夫妇道谢，然后离开了石头继续散步。奕奕已经完全扫去刚才的阴霾，恢复了快乐和活跃，手肘上的伤口也仿佛被打败了一样，不再疼痛了。

　　古黎常常这样评价我：儿子和你在一起就是要遭罪，不是这里碰去就是那里摔去，反过来还要被你骂。然后她会很同情地加一句：奕奕这个小人真可怜。我每次听到这样的话都是呵呵地笑，因为我知道古黎真实的想法不会仅限于此，她在大部分时候认同我的做法。奕奕的哭泣十之八九与我有关，因为我无法容忍包围在奕奕身边的那些潜在的危险和危害，这里面很多不光奕奕不能预见，就连其他大人也往往视而不见，但是因为我的坚持以及不肯妥协的做法，常常和奕奕引起冲突。不过，很欣慰的是，每次冲突之后，奕奕很快就会与我和好，他真的一直坚守我们曾经的承诺：奕奕和爸爸吵架后五分钟内就自动和解。很开心，我发现奕奕天生就重信用，虽然他还不知道信用为何物。更值一提的是，奕奕越来越讲道理了，有时候他说出来的话让我都感觉无地自容。

　　就在我写下这些文字的前一天，是个星期天，早上我们一家三人在外面吃早饭，奕奕吃着吃着便仰着脖子把注意力集中在靠近天花板的电视机上，我几番提醒他安心吃饭，不要看电视，奕奕大概仗着妈妈在身旁对我的说辞置若罔闻。我有些生气，拍了下他的头，再次警告他，没想到奕奕突然爆发起来，对我怒目相向，并且用手指甲狠狠抓了我一把。我克制住自己，因为我曾经对奕奕说过：你任何时候都可以反抗，只要你讲道理。可惜奕奕把我的克制当作了妥协，他再一次忘记了我是不会轻易对他妥协的。当他接着顽强地抬起头看电视的时候，我用了比前一次更大的力气拍在他脑后的棱角上。奕奕转过头来，看到我凶恶的眼神，"哇"一声哭了出来。我索性一把将他从座位上抱下来，掰开他紧紧抓住桌子的小手，把他拎到店门口，摔了一句："你哭，到外面哭好了再回来！"奕奕每次哭几乎都会被我这样折磨，所以他已经学会在我面前尽量不哭，可是摊上这样的爸爸,总有忍不住要哭的时候。我自有我的道理,我不愿意奕奕把哭当作什么有用的"武器",因为他不知道这种哭如果离开了爱就没有了任何威力,甚至还要被耻笑,我必须让他知道这点。男人不是不能哭,但绝不能为了达到某种目的去哭。我前脚坐下来继续用餐,奕奕后脚就跟上来坐到了妈妈的位置上,古黎一边安抚奕奕,一边责怪我不该在这么多人面前凶奕奕,我则侧着脸决不回应周围好几双怀着各种心态注视着我的眼睛。走出早餐店的时候,我和奕奕的手又牵在一起走路了,此前我没有和他说过一声道歉的话,因为我没觉得有这个必要。傍晚时分,奕奕和外公外婆在绿城小区的草地上玩,我从外面回来准备与他们会合。远远听到他们说说笑笑往家里走,于是我迅速蹲下来跑到一个花坛后面躲起来,等着他们过来。奕奕最早发现了我,像个小鸟一般向我飞来,一下跳到我的背上,搂住我的脖子,我开心地背着他走,周围是外公外婆的笑声。路上外婆说话了:"刚才问奕奕今天有没有哭过,奕奕说早上哭过了。奕奕说都是他的错,不该在吃饭的时候看电视,被爸爸批评了。"我哈哈笑了起来,心里却有些酸,幸福得有点想哭。奕奕在背后伸过手来捂住我的嘴不让我笑,我挪开他的小手对他说:"你这样说我就一定要向你道歉了,早上是爸爸不好,这么凶对你。"奕奕咯咯笑起来,说:"我也不对啊,不该吃饭时候看电视。"我们两个叠在一起,就这样笑着回到家里。

我喜欢用嘴巴亲奕奕,然后看奕奕条件反射般用手迅速擦拭自己的小脸,我完全不介意他这样的反应,因为我知道我对他的重要性不在于是否要亲他。对奕奕来说,他更喜欢我抱抱他,在他表现不俗的时候抚摸他的脑袋狠命夸他,在他需要乐趣的时候总是先想到我,陪他打仗,陪他看书,在他感受挫折的时候有我在身边启发他。很多时候,我沉浸在这种幸福中,因为这样的被依赖真的很幸福,一边是尽心呵护,一边是努力让依赖的人学会自立,需要依赖的人和被依赖的人不但从中感受到了爱,还看到了充满希望的未来。我应该为此感到满足和骄傲。

04 人生路上处处是侥幸

如果上天给你一个再回到从前的机会,你愿意从什么时候开始?我想,如果能把我现在的认知水平都带上,那我当然愿意从我的童年重新开始。如果只是回到从前,如从前一般蒙昧,我倒不敢再回到从前了。因为假使时光倒流,让我从会走路会说话后开始再生活一遍,一路走来,我很不确信我的人生之路会如何演化,能比现在更好吗?我很怀疑。人生,真的有太多的盲区,所以,每每回头看看,总有太多的遗憾,也总有太多的侥幸。侥幸的是,在我的人生路上,侥幸远多过遗憾。所以,我时常会感觉到似乎有个神仙在冥冥中佑护着我,当我走向迷途的时候,他总会保护我,并且把我从偏差中纠正过来。

四五岁的时候,我认为药很好吃,因为外面裹着的那层糖衣。有一天,我把自己关在屋里,将门锁上了保险,然后找出各种带糖衣的药来一个一个放到嘴里当糖吃。正当我津津有味的时候,爸爸发现了屋内的情况,急促的敲门声和呐喊声逼得我打开了门。当爸爸看到几个瓶子的药都

与儿子一起努力

没剩下几颗时，立即把我送到医院去抢救，看到爸爸紧张的样子，我都以为自己要死了。不过很快爸爸就松了口气，因为他从医院赶回家后发现地上有很多没了糖衣的药，于是他知道其实我还没傻到把整个药都吃下去。那天，我的盐水挂了一半就回家了，那也是我有生以来第一次挂盐水。这个事情我是有些记忆的，但主要的还是爸爸后来的记忆，因为这件事与其说是给了我什么教训，不如说是给爸爸打了一针，让他以后再不敢把药随便乱放了。

到了七八岁的时候，一个夏日的傍晚，我和一个玩伴在沙滩（云和家里的小区名字）边上的马路边玩耍。那个年代我们那儿路上几乎看不见汽车，时而会有一个农夫牵着一头牛慢悠悠地经过，并在马路上留下一大坨一大坨的牛粪。那时候一圈一圈叠起来的冒着热气的牛粪遍地都是，可现在想看都看不到了，能看到的就是一束束汽车尾气，那味道比牛粪难闻得多。那时有一种车子也挺多，那是我当时看到的最多的一种机动车——拖拉机，发出滚滚的响声，冒着滚滚的浓烟。因为没有太多车子的危险，所以很多人此刻都拿着蒲扇在路上散步纳凉，有一些男人则聚在电线杆下或是三岔路口旁狠命地吹牛皮，还有一些人则在路边自己开垦的小菜地里捣鼓些什么，偶尔听到隆隆的车子声，大家都很自觉地把路让出来。有一刻，一辆拖拉机似乎飞快地奔过来，恰好就在路边的我，远远地看着这个发出怪声的东西，看着路上的人群纷纷地散开，自己却有种强烈的冲动：跑过去，跑到路对面去。当我真正开始下决心跑的时候，其实这辆拖拉机已经离我不远，不过我硬是跑了过去，留在脑后的是一阵拖拉机的轰鸣声，还有司机的怒吼"不要命了，小赤佬"。周围的人看到这一幕也惊住了，瞬间我仿佛成了所有人的焦点，他们都停下来注视着我，他们的眼神，他们嘴里发出的声音，我至今都无法忘记。当玩伴跑过来指责我的时候，我故作镇定，其实我已经无比后怕，因为虽然一直不知道那辆拖拉机到底能离我多近，但那种氛围下，我明显感受到那擦肩而过的巨大危险。

那天我沮丧地回到家，看到了在门口做着什么事情的母亲，对她说的第一句话是这样的："妈，我今天差点死掉。"母亲诧异地看着我，了解了我的情况后，似乎没说什么我能记得住的话，大概就狠狠地说了句："以后小心点！"我儿时的记忆在我长大以后很多都会在饭桌上拿出来和家人分享，可惟独这件事，我记得最牢，可是却几乎从不提起，因为我似乎到现在都还沉浸在后怕中。

高中二年级的时候，云和发生了一件很轰动的事：一个年轻人为了抢劫信用社，竟然拿着刀捅了一个见义勇为的信用社女职员二十多刀，那个为了阻止犯罪而挨刀的女英雄奇迹般的没有死掉，后来被广为宣传，而那个年轻人则被判了死刑枪毙了。那段时间，这个女英雄的事迹在学校里经常被拿出来学习、教育、宣传，巧的是，事迹中的反面人物正是我们的语文课老师老傅的昔日弟子。老傅是个好老师，在我能尊重的老师里面，他绝对算一个，他是所有教过我的老师里面最看得起我的。但是在高中那几年，我却自以为是地常常贬低他，常常当着众多同学的面和他过不去，即使在他热情洋溢地夸我为"千里马"的时候，我仍不屑地顶了一句"不是千里马，是万里马"。大学里，我回想起曾经对老傅的所作所为很惭愧，于是诚恳地给他写了封表达歉意的信。那一阵子，因为这件恐怖的事，老傅特意调出几节课的时间给我们讲讲其中的经过和缘由，对一些发人深省的地方做些强调。老傅上语文课的时候我基本上是不听的，但是他在讲这个事情的时候，我是全神贯注的。我还记得老傅说这个年轻人曾经是个爱好文学的希望青年，说这个年轻人因为没考上大学赋闲在家，还说自己怎么也想不明白这么好的青年为什么会走上这么一条路。不知道为什么，当别人惊诧于那个年轻人的疯狂举动时，当他们最终为枪毙他而感到欢欣鼓舞时，我却总是若隐若现地发觉其中似乎有自己的影子，于是我鼓起勇气设想如果我就是那个年轻人，我想到我犯下滔天的罪行造成的伤害；想到为此而哭天抢地无颜面对社会的家人，尤其是妈妈；想到自己，曾经那么

| 与儿子一起努力

　　充满豪情和希望的生命却如此收场，想到这些便让我禁不住在心里打颤、哭泣。人的一生，从什么时候开始才能确信朝自己期望的方向走？即使我们已经可以把握自己的方向，我们又如何保证在行进的过程中不会因为自己的一时冲动或者说一念之差而卷入不可自拔的漩涡之中呢？我自忖已经看清了很多，但我发现其实寄生在心中的诸多魔鬼一直都没有消停过，有时候它们中的某一个还会企图挣脱束缚而显得无比狰狞，若不是自身及时警醒加上老天的眷顾，那些魔鬼可能早就给我制造了不可想象的灾难了。所以，对于曾经走过的路，想到它们是如此平安、平坦，我无法不为此感到侥幸；对于将来要走的路，不管多么坎坷或曲折，我都必须做好足够的准备来预防甚至是应对。

　　到了高三的下学期，虽然一如既往的好高骛远和信心满满，但有一天晚上我却突然意识到自己的水平远未到有把握考上大学的程度，这让我从心里生出一丝恐惧，并决定沉下心来投入到踏踏实实的学习中。那年，1995年，我顺利地考上了大学，因为距离重点线还差十来分，所以我本以为将要去当时还未并入浙江大学的浙江农业大学，可是没想到入学通知书来得很早，因为我被第一批的重点大学中国矿业大学录取了。那天将近晚饭时分，张祎跑到我家里告诉了我这个好消息，那时我是何等兴奋。当我得知张祎的上海中医药大学的录取通知书也恰巧同时下来了的时候，我喜悦中有些诧异，这个和我从小玩到大，在初中、高中时期陪伴我最多的同学和朋友，虽然我们性情迥异却始终保持着友情，竟然在高中毕业升大学的最后时刻也和我共同分享这份快乐，确实是有缘人哪。那天我们按捺不住激动的情绪，坚持要即刻去取通知书，于是我们不顾家人"明天再拿也不迟"的声音，骑着自行车踏上了重返学校的路。这条在高中三年里踏了不知道多少遍的路第一次感觉是那么可爱，一路上我一个劲地和张祎重复"时间过得真快啊，都要做大学生了啊"这类感受。我们赶到学校的时候，学校里没什么人，不过门口的黑板上高高地写着两个名字，一个是我，一个是他。我在高中的时候成绩中游，最后关头倒得了个"第一名"，我真的有些得意。通知书是从老傅手上拿到的，老傅把通知书递给我的时候我总觉得他有些怪异，不像我预期中应有的开心，好像是有些舍不得或者只是成年人的淡漠，不过这不是我那时该关注的，我最终把注意力全部集中在通知书上，看了一遍又一遍，然后小心翼翼地收好，一路护送回家。后来回忆起我的大学梦，除了高三下半年外，其实一直都是松松垮垮的，学得很不踏实，仅仅靠着那点天分支撑着。至于我能如愿考上大学，真的要感谢那天突然从云里雾里清醒过来。真悬啊，若不是这样，大学梦说不定终究只是一场梦罢了。

　　大学四年是无拘无束的，我很早就放弃了学业，投入到轰轰烈烈的打牌活动和篮球运动中。不过每学期的考试是必须通过的，否则就拿不到学分不能毕业，这是我不愿意看到的。所以每到期末，教室里开始出现我的身影，偶尔我还会自觉地参加晚自习，拿一本课本从头看到尾。考试总是难不倒我，我鄙视作弊，更鄙视那些平时那么认真学习到了考试还要作弊的人，所以我每次考试都很自豪地坐在教室的第一排接受考验，虽然最后分数都不高，但总能及格。不过也有例外，大学三年级上学期，我被两门考试击垮了，全班就抓了我一个，最刁难人的结构力学没难住我，却被两门小儿科打败了。那一阵子我非常懊丧，甚至写信给哥哥说"活着似乎没太大意思"之类的话，让哥哥误以为出了什么大事，急忙电话打过来安慰我。这事情反映了我从小受庇护太多，对压力毫无承受力，顺风顺水的时候豪迈得有些可爱，一碰到事情就蔫了。不过，这些挫折和刺激最终都被我化解，因为我牢记"塞翁失马焉知非福"的故事，使我渐渐学会把它们都往好的一面去想，时间久了，各种挫折和刺激慢慢在脑海酝酿，最后反倒变成了我在成长路上的垫脚石，让我一步步踏得更高，看得更清楚。临近毕业时，因为我一贯以来对大学学业不屑的态度，以及对各种地方包括毕业论文都存在抄袭现象的泛滥熟视无睹的情况下，我在毕业答辩中竟然用"那段我是抄的"来回答某个老师的提问,当老师质疑"你怎么能抄呢"时,我反问他"大家不都是抄的吗"。那次毕业答辩让很多同学为我惊讶和捏了把汗,很多人都认为我太出格了,毕业论文肯定通不过了。然而我一直感觉我能通过那个答辩,不知道为什么,就是一种感觉。不过当成绩公布时,我紧张地在纸上寻找我的名字,最后看见自己名字后面写着"60"分的时候,我还是长长地松了口气,确实惊险。倘若当年毕业论文真的未通过,那么这个败仗对那时的我来说简直是输不起的,那很可能是要改变我命运的啊。

毕业前找工作,我总共递了三份材料,两份是在杭州市挤得水泄不通的大学生招聘会上塞进去的,有的人塞了十几二十份,我懒得挤,就两份。还有一份是我在寒假期间回到家里,在武康的城建局递的,当时我直接找了某个副局长,那个副局长又把我带到另外一个副局长办公室,我的材料就这样递出去了。年刚过,我刚回到学校,在杭州递出去的一份材料起作用了,一家湖州的房产公司邀我面试,于是我又挤了十四个小时的火车赶回家去。武康是湖州的属地,离湖州50公里路,我来到房产公司参加了笔试和面试后,公司决定留下我实习,于是我就在那里待了近一个月。因为我在大学里基本没在专业上花过工夫,跑到建筑工地上竟然毫无头绪,对工地的认识程度估计比一个没读过书的搬运工都不如,就连结构上最基本的"砖瓦结构"和"框架结构"都分不清楚。好在我有自知之明,从不主动发表意见,碰到不得不说的场合,总是很注意说话的语气,于是我的不懂也就被掩盖和包容了。实习结束后,公司决定留下我,我心里暗暗得意:谁说工作很难找呢?可是事情的发展很快就让我懵了,在签聘用合同前的体检中,我被查出是乙肝携带者,被公司拒绝了。我还记得那天去找了公司的副总理论,那个副总对我还算客气,不过态度很坚决,于是我不得不接受事实,还没就业呢就先失业了。这个事情给我刺激太大了,一方面失去一份工作,更要命的是,我得了似乎很严重的病,这让一直对自己身体很自信的我非常沮丧，同时父母亲也对我得了这样的病感到不解和难过。灰溜溜地回到学校后，我没敢告诉同学我是乙肝携带者，我只能说那家公司不好，不想去。这个病的事情，后来经过很长一段时间的了解，以及反复体会自身的感觉，发现似乎也没什么可怕的，也就慢慢不当一回事了。到了4月底，学校要统计毕业生找工作的情况，这正是我开始暗暗担心的时候，没想到我的第三份材料竟然挽救了我，那位接受我材料的副局长打电话给我父亲让我过去面试，我在电话里听到父亲有些激动的声音时，自己也很高兴，赶紧赶回家去。在我赶回家的第二天，我只身来到王副局长的办公室，他很宽慰地告诉我，他对我的印象不错，并且说不管我的专业能力如何，只要我肯在今后的工作中认真起来就一定能行。就这样，那天压在我心头的一块石头又落地了，我们签了聘用协议，当时我真的很感激王副局长，现在我还是感激他。事后也证明了，这么好的工作真的是打着灯笼都找不到的，竟然被我这么容易碰上了。

　　工作后自由度更高了，犯错误和走歪路的可能性也更多了，不过幸好在我脑子里总是绷着一根弦，它让我在开始尝试沦陷的时候便激发我及时反省，并从沦陷中走出来。可是也有例外，英雄无敌这个游戏就把我捆住了近十年，虽然这期间我也在不断反省，但始终挣脱不了。沉迷游戏的岁月，我几乎把所有珍贵的东西都抛在了脑后，甚至差点就把自己也抛弃了。然而事情总要两分地看，游戏带给我的也并非一无是处，至少它帮助我在最浮躁的年龄段躲开了更危险的去处，什么声色场所，什么赌博酗酒这类的，所以从这方面讲，游戏也带给了我宁静，让我变得更纯净，我也从中交到了一些网络上的朋友，他们几乎和我一样纯粹。结婚后，因为游戏我在老婆面前变得毫无信用，但是有一句话我一直记在心里，就是"到儿子能交流之后就主要由我来教"。2009年，也就是儿子四岁那年，我终于决定不再玩游戏，我把重心都转移到儿子身上来，并开始着手写《与儿子一起努力》。我做到了，但是只持续了大概四个月。大概在6月份的时候，我没有抵御住朋友的邀请，又被英雄无敌拉下了水。很快就沦陷了，并比以往更加疯狂。其实我玩游戏的时候也不是很用心的，因为我一直都知道这不是该我用心的地方，但我为什么就不能控制自己不去玩呢？2010年春节，在我还没有完全抛弃自己的时候，我再次下定决心脱离游戏，把时间和心思更多地放在儿子身上的同时，开始续写这本书，并且积极锻炼身体。虽然老婆已经不再相信我能够真正做到，但这次我终于没有辜负自己。同样的，在年中的时候我勉为其难接受了朋友的邀请打了一次比赛，但是匆匆结束后我立刻就把游戏全部删除，因为那时的我真正感觉有重要的事情要做了，游戏从此对我毫不重要，我也从此对英雄无敌说拜拜。摆脱了游戏后，我发现时间很充裕，在陪伴老婆儿子之余，每天还可以有一两个小时的时间进行身体锻炼，还有很多时间可以看电视。在这段时间里，我几乎把十年里没看的电视都找补回来了，什么《财经郎眼》、《天天向上》、《天元围棋》，甚至《康熙来了》都是我喜欢看的，我还看了很多很多的电影，直到看得有些腻味了。这年的 8 月份，我办了一张健身卡，从此走上了有规律的健身之路。此前三十年里我也经常锻炼身体，但都是凭一时之兴，想练就练，常常是三天打鱼两天晒网。办了卡后，我开始比较注重锻炼方式，对锻炼身体也有明确的目的：强身健体，备不时之需。一年多下来，身体素质得到很大的改善，一些运动技能，特别是游泳，也得到很大的提高。通过摆脱游戏前后生活状态的比照，我庆幸自己终于走上了正轨，真正开启了通往"努力"的路。

2007 年，为了接送儿子方便，在老婆的催促下买了辆汽车。此前我对开车没有丝毫兴趣，但是既然开车是必需的，那就一定得认真，显然这事可不是闹着玩的。考驾照的时候我遇到了点挫折，在场地考中因为上坡起步和侧方停车的技术不到位被刷了，这让本来对考试就不太放在眼里的我很没有颜面。不过失落的情绪没有延续多久，因为我很快想明白了，考试没通过说明我有更多的机会去落实开车的技能，不要等到拿到了驾照真的开上了车子才知道自己的水平之烂，那说不定就为时已晚了。重要的是，开车不像其他考试，基本合格就合格了，开车来不得半点马虎。事实也是这样，我对开车的感觉和认识大部分来自于第二次考试前的那段时间的练习，同时也发现了很多开车的盲区。当我后来正式开上车子后，我甚至一度庆幸第一次考试没有通过。现在算起来我开车也有三年半了，期间除了刚上手后与静止的车发生了一次极小的刮擦外，没有发生一次事故，我想保险公司摊上这样的客户想必是很高兴的。但是没发生过事故不代表没有险情。2008年头上，我第二次去4S店给车子做保养，那时候老婆不放心我的技术，稍远点的路程她总是陪着我一起出行。在结束保养后，4S店的一位工作人员将我的车停在门口，我和老婆上车后，我习惯性地直接就发动了汽车。这时候惊险的一幕发生了，车子不听使唤地往后倒，我瞬间傻了，不知道出了什么状况。当我镇定下来后，车子已经倒出去十来米远，在这期间我甚至踩了下油门，不过自始至终我把持住了方向并最后踩了急刹车，化解了一场危险。所幸车后是一条狭长的过道，而且当时正好没有人也没有车，否则就不是简单的事故而是闯祸了。后来我才知道那些老驾驶员都习惯停车时候挂挡并且不拉手刹，也幸好那个驾驶员挂的是倒挡，否则我的车可能直接就冲向前方的门卫了。经过这件事后，我每次发动车子都要一脚离合一脚刹车地踩住，感觉这样才保险。其实，我开车以来最危险的还不是这件事。2008年底，为了治疗奕奕右手大拇指的腱鞘炎，我们一家三人一起去杭州的儿保医院，给奕奕先做个检查。因为不识路，由住在杭州的哥哥带着去。从医院回来后，哥哥嫂嫂请我们到一个餐馆吃中饭。杭州的餐馆经常搞打折的活动，这时候去就比较实惠。菜不错，奕奕那天吃得挺多，此前他从来不碰辣，那天奇怪了，挺辣的牛蛙竟然也说很好吃。我也毫不客气，点了很多自己喜欢的，还喝了点啤酒，因为想到要开车回家，只喝了半瓶解解渴。从杭州回到家里大约要40公里路，因为走的是国道，而且要穿过一段市区的路，所以大概要花一个小时多点的时间。也就是在回家的路上发生了这件极惊险的事，让我此生难忘。事后我专门写了一篇文章放在英雄无敌的论坛上，因为那时候正是我沉浸在游戏中的时候，而这件惊险的事似乎也和游戏有关。为了抓住更多的细节，我翻出了那篇陈年旧作——《英雄有悔》，发现竟然写得还不错，于是索性就照搬过来了。

英雄有悔

终于穿过了拥挤的城市中心，我驾着马儿开始自由奔驰在宽阔无人的国道上。沿途一路绿化带相随，在冬季午间明朗阳光的照耀下，我有些醉。很小心地开了一年车子，几乎没有发生过什么让人担心的事情，花了四千多块钱的车险如我所愿的未发挥过一点实际作用，惟一一次在小区道路上和别人的车子发生了点摩擦也仅用八十元直接解决了。

其实那不是醉，是困。今天要开长途，昨天我本不该那么迟睡，更重要的是，今天车子里还坐着我最亲的两个宝贝，老婆和儿子。因为总是太迟睡的缘故，每到中午就不自觉犯困，开车的时候尤其如此。也许潜意识承认了一个自己理智上不愿承认的想法：开车我挺牛的。所以才会犯如此大的忌讳在这种状态下继续开车。

我用力眨了几下眼睛，同时晃了晃头，努力使自己保持清醒。没有出过事情不等于不会出事情。开车这种事，一旦出事很可能就无法补救。

车多人多的地方，神经不自觉紧张，进入开阔地，人自然松懈下来，想绷紧都很难。正如在英雄这块舞台拼杀的时候，身陷险境往往能从容不迫一鼓作气挽回局面，而形势大好之时却常常掉以轻心或者瞻前顾后而痛失良机。祸兮福兮，福兮祸兮，阴阳之理，无所不容。

此时此刻，我的脑海里又泛起沙漠、战场、英雄、技能、宝物、龙宫，比这些更吸引我的还是那你来我往的较量，那相机而动的灵感，但是要说最吸引我的却是胜利或者失败给我带来的无止境的思索。英雄无敌这款游戏，我在其中侵淫太久。每每在电脑面前，便不思其他、直奔主题——战斗，这里没有金钱荣誉美人，没有拯救和奉献，除了战斗还是战斗，为快乐而战斗，这就是这里的英雄，我就是这些英雄中的一个。

我知道，人不能只图快乐，但是在快乐面前，责任、担当、努力、创造、追求、理想，甚至是危机感都显得力不从心，我觉得这是一种悲哀，不幸的是，这个以快乐为根本的悲哀并不因为我爱反思就不发生在我身上。事实是，当我发现越明白而越不能摆脱这种悲哀的时候，那才真让我感到悲哀。

尽管我努力保持清醒，但神智麻木的程度似乎已经失去控制。我两眼直勾勾地盯着前方空无一物的大道，青色的路面，白色的标线，偶尔闪过的其他车道的车辆，渐渐的，我的视线从盯变成了望，从望变成了迷糊。我不知道这种迷糊的状态持续了多久，也许仅仅只是一秒钟，可就是这仅仅的一秒，让我差点陷入万劫不复之地。

一个激灵，我浑身一颤，突然意识到正在开车，脑子从英雄的画卷中陡然回到现实，发现车子正在向中间隔离带驶去，90迈的时速不容我有任何慌张和犹豫，始终放在方向盘上的左手用力一拧，避开了一场灾难。儿子还在熟睡，对眼前这一幕浑然不觉，其实我们又何尝不是如此，有多少危险曾经悄悄地来过，又悄悄地离去，这样想想的话，就知道平安是一件多么不容易的事。

老婆发现了异样："怎么，方向跑偏了？"老婆和我这么久，已经从一个没什么危机感的人渐渐变得对周围一切有所警觉起来，可是今天恰恰相反，那个曾经把危机挂在嘴边的人今天差点自己跳进悬崖，还要带上最亲爱的两个人。噩梦啊！

我在观后镜里向老婆做了个鬼脸，避开了她的问题，独自体会刚才那一切，发现就在这一瞬间，我后背和脖子已经被惊吓浸染了一层汗水。

"不会是睡着了吧？"果然瞒不过她。

"真不好意思。"通常说这句话的时候我是开玩笑的，可是这时候这句话正是表达了我心中无限的愧意。

"真的睡着了呀！我看着你一直睁着眼睛的啊。"原来老婆之前就发觉

| 与儿子一起努力

了这个苗头，一直注意着我。也许，也许正是这份关切保佑了我，不仅仅是老婆的，还有那许许多多的亲人和朋友对我的关切。

此时的我已经没了睡意，满脑子的如果假设，当然还有侥幸之后的庆幸。直到回到家后很久，我回过神来，躲到一个没人看到的地方狠狠地掴了自己两个耳光，以作惩罚。

老婆怀孕之前，我向老婆承诺过有了孩子咱就不玩"英雄"了好好带孩子；有了孩子之后，我向老婆承诺过等孩子会交流了咱就不玩"英雄"了好好带孩子；买车之前我向老婆承诺过开上了车就不熬夜玩"英雄"要保证行车安全；开了车之后我向自己承诺过一旦要开长途就决不在前一天晚上玩"英雄"。

我不是一个不守信的人，但是在"英雄"的问题上，我想不出哪一点是守信的。

快乐也要讲方式吗？这好像是一个很简单的问题。最快乐的人都是痴迷的，他们因为痴迷而快乐，同时他们因为快乐而痴迷，不要和他们说度的问题，他们没有度，最快乐的人都是一些没有度的人。

可是一谈到最……（注：为什么要用省略号呢，省略号后面是什么呢？因为这篇东西是发在论坛上的，那里有一句挺有趣的话在该论坛广为流传，就是：一谈到最就落了下乘。仔细想想，还真是这样。）

自从这件事后，我开车的时候就更加小心，时时刻刻留意自己的精神状态，因此这次经历也成为我此后开车路上保障平安的一剂强效预防针。各种各样的经历都告诉我，各类有危险或者有危害的事情演化下来，只要它们当时没有造成不可挽救的灾难，只要我们事后用积极的心态去认识它，总能变害为利。但是，也正是因为人生路上总是有那么多各式各样防不胜防的危险和危害，而我如今仍如此平安，如此福气，所以我相信我的从前只是个奇迹，而我已不敢再回到从前。此前我一再提到似乎有个神在一路上保佑着我，不过我毕竟是不信神仙也不信救世主的，所以我就常常思忖这个"神"到底是什么？后来我终于想明白了，原来这个"神"就是来自各方的，尤其是关爱我的人不厌其烦的提醒、叮咛，以及自身内心的警醒，当然还包含了一些运气。

| 与儿子一起努力

05 也有遗憾

　　不过，在不确定的人生道路上不可能只有侥幸，我也有很多遗憾。从记事的时候开始，我的牙齿就很不整齐，据说因为四环素的缘故，还导致了牙齿蜡黄蜡黄的，加上一直以来都没有掌握正确的刷牙方式，所以从小到大都被牙齿的问题困扰。小时候是因为牙齿疼或者拔牙的问题，长大了则是嫌恶牙齿难看。很小的时候我就知道上颚处上有个硬硬的东西，既不痒也不痛，爸爸一直说那只是长疮了，应该没什么事。可是这个"疮"长了好几年都还在，于是到了小学四年级的时候我再次鼓起勇气把这个事情提了出来。爸爸先带我去了厂里的医务室，医生说那不是什么"疮"，是牙齿，长错地方了，被其他牙齿挤到上颚去了。那怎么办呢？爸爸随即把我带到云和最大的医院——人民医院去看，确诊了那个硬东西是牙齿后就约了时间去拔掉。还记得某天阳光灿烂的下午，我在医院里惨叫了两个小时，所有在场的牙科医生都在我口腔里施展了他们各自的看家本领，但最后的结果是露出外部的牙齿被钳碎了，但根还在里面，并且让我过半年后等牙齿重新长出来再来拔。那天回家的路上我很郁闷，不敢想象半年后还要受这样的折磨。妈妈看着我很心痛，做了我爱吃的水蒸蛋当晚饭吃，稍稍缓解了我来自身体和心理上的巨大痛苦。半年后，爸爸经过了解找到了中医院，据说那里有个女牙医非常厉害。我挺小的时候就已经能调整心态了，对于不得不面对的事情，我总是能够很积极地配合。不过鉴于前一次的恐怖经历，我还是一个劲地询问："还要拔两个小时吗？"爸爸起初还能耐着性子安慰我说"不会的"，后来索性回答我："那怎么办，就算两个小时也是要拔的！"于是我就不再问这个问题，只是默默地等待那一天的到来。开始时我希望这一天慢点来，但到了那天快来临时，我倒开始希望拔牙那一刻来得快些，因为这样我就可以早点解脱了。黑暗的一天终于来了，我看着时间将到，催促爸爸早点出发，并且嘱咐妈妈在家里给我做好水蒸蛋，妈妈爽快地答应了。进了医院后，那个医生正在给其他人拔牙，我等啊等，终于轮到我坐到医生对面的椅子上的时候，我仿佛已经做好了被千刀万剐的准备。可是拔牙的过程出奇的顺利，而那个厉害的女医生表情出奇的淡定，当她告诉我可以站起来离开的时候我甚至不相信那是真的。我留意了下时间，从进医院到出来总共只用了半个小时，那么除去等待的时间和打麻药的时间，真正拔牙的过程大概就十来分钟吧。对照半年前人民医院那次拔牙，我第一次深切地体会到人和人之间的差距原来会那么大！那一天我非常愉快，因为一块心病终于解除了。

但牙齿带给我的心病远不止于此，蛀牙、牙齿发黄也就罢了，为什么还那么歪歪斜斜呢？小时候，我也不知道是受什么理念的影响，总是很忌讳别人说我漂亮。所以那时候我对牙齿是没什么要求的，只希望它们不要疼痛就好了。父母亲在这方面也没有严格的要求，只要我每天早上起来吃饭前记得刷牙就好，至于怎么刷那就完全不管了。到了换牙的时候就更离谱了，第一选择是父亲的老虎钳，实在没办法了才会考虑去医院拔掉。所以后来，我对于我和哥哥的烂牙总是归咎于父亲，凡说到牙齿必定当面指责他。父亲自知有愧，稍稍辩称几句说"当时条件有限"或者"当时又没有这方面的知识"之类的话,也就都认下来了。

到了突然有一天稀罕起自己是否漂亮的时候,并且随着一天天长大,牙齿的问题才真正像一块不断加温的烙铁一般深深灼痛着我。一方面,越来越敏感的内心总是越来越嫌恶那副似乎不该属于自己的牙齿,而另一方面,固执的性格又偏偏要极力掩饰自身的敏感。初中一年级时,在父亲的劝说下,我们又去了中医院,又找了那个曾经给我拔过牙的女医生。不过这次她没给我留下好的印象,因为她看了我的牙后直截了当地说了这么句话:"这个牙怎么会长成这样,边上牙齿都影响到了,现在来太迟了,没法矫治了。"我一听这话,立刻站起来甩了句"我不看了"就走了,任凭父亲在后面大喊"走什么呀,看完了先"。我对此毫不理会。父亲被我的态度惹恼了,用手在我后脑上掴了一掌,我回头瞪了他一眼,直接从医院跑回家去,从此只字不提矫正牙齿的事。可是表面上对牙齿不在乎的我,其实在心里一直是耿耿于怀的,想着如果换了一副好的牙齿我会是多么英俊,我会笑得多么灿烂,可是事实呢,就连说话都要时刻注意口型,最难受的是遇到想笑的时候,那种憋着笑以防露出牙齿的感觉真是让人浑身不自在。我在牙齿上的这种纠结一直持续了近二十年,直到最近几年,因为着实看清了存在于自己身上的缺陷实在是多得数不过来,而这个牙齿上的问题相比之下又算得了什么呢,于是也就渐渐放开了。其实,人在不成熟的时候往往都有一种完美情结,总是抓住某种显现的缺陷无限纠缠,也许这在多年以后看来根本不值一提,但在那时,似乎这种缺陷就是天一般大,我想这也是一叶障目、不见泰山的一种表现吧。不过,这种无休止的纠缠最后总能帮助我们破除完美情结,从这个角度说,缺陷或许催化了我们尽快成熟起来。就拿我对牙齿的心理战斗来说,如果没有那十几年的战斗,也就未必能造就我这种独特的性格,也就未必能激发我那种源源不断的思辨力。

结婚后，自己成熟了很多，加上古黎从没嫌恶过我的牙齿，我也就渐渐摆脱了牙齿不齐的困扰。但是随之而来的烦恼是大面积的蛀牙和补牙，每次去医院做一次补牙手术，我都仿佛如临大敌一般，要用出所有的忍耐力才能应付那牙钻造成的恐惧。所以，在2005年，当一次补牙完成后，我终于在家里每天洗漱的镜子面前做出一个决定：不要因为自己牙齿不好就破罐破摔，日子还长，一定要保护好剩下的牙齿。从那天起，我不是只在早上刷牙，而是坚持晚上睡前也要刷牙，最重要的是，我改正了刷牙的方式，从以前用牙刷胡乱在嘴里搅拌几下改成了仔仔细细地刷，抓住了刷牙的重点——牙槽和牙缝。后来，古黎经常嫌我刷牙刷得太慢，我则得意地告诉她：活了三十多年，现在才知道该怎么刷牙。事实也证明了我的决定和做法是正确的。2009年9月份，因为屡次补过的牙齿里面的石膏又脱落了，于是去了专业看牙齿的医院检查。医生说连着的三颗牙都坏了，补不过来了，最好镶牙。贵是真贵，四千多，不过我想长痛不如短痛，镶就镶吧，省的以后麻烦。镶牙之前要给牙齿做根管治疗，大致就是把烂根的牙齿的牙神经都抽掉，以防镶了牙后再从里面烂起来。这三颗牙齿中有两颗牙原本就补过，所以牙神经已经基本除掉了，不过医生在清理这两颗牙齿的时候还是让我感到非常难受。然而关键的还是第三颗牙齿，因为它之前没被补过，只是外表烂得很厉害，有很深的洞，医生凭直觉告诉我这个牙齿应该是烂根了，要做根管治疗。听到医生这么讲，我当时紧张得汗毛都竖起来了。不过随着医生的深入检查，居然最后判断这颗牙齿并没有烂根，从他和另外一个医生交谈时显露出的诧异情绪，我感觉到应该是正确的刷牙习惯挽救了那颗牙齿，同时也让我少受了很多折磨。其实，我不是很准确地知道能不能通过这件事来判断我现在的刷牙习惯是否真的靠谱，不过，因为近几年牙齿极少有痛过、酸过的情况，另外也没有再增加蛀牙，所以我可以确信现在的刷牙习惯是好的。因此，我现在一直试图在家里推广我的刷牙方法，可是我的爸爸、妈妈还有哥哥似乎毫不感兴趣，我想他们或许是对自己的牙齿麻木了或者是抛弃了。对于这种结果，我也

| 与儿子一起努力

只能认了,他们毕竟和我不一样,他们没有改变自己的意愿和动力,已经得过且过了。不过没关系,我至少可以在奕奕身上努力,不能让他重演我的噩梦。

在身体方面,除了牙齿给我带来遗憾外,还有脱发的烦恼。从工作后开始,我的头发就日渐稀少,到了结婚那年还可以勉强遮掩头部,此后便一发不可收拾。时至今日,头顶一大片已几乎完全"沙漠化",赤裸裸地暴露在阳光下,于是我索性把头发剃得很短。与对待牙齿的态度一样,我极不愿意去接受治疗,尽管先有妈妈后有古黎反复怂恿我去各种各样的脱发治疗机构看看,都被我拒绝了。因为有牙齿这个缺陷的铺垫,对于脱发我倒是很坦然了,加上脱发不像蛀牙,本身没有什么实质性的伤害,所以爱脱不脱。尽管这样,我还是认真追溯了脱发的原因,发现第一要素显然还在同样是早年脱发的父亲身上,而导致我过早过快脱发的原因则应归咎于不太健康的饮食习惯:偏咸、偏荤。另外,长期沉迷电脑游戏受到辐射应该也是一大原因吧。先天方面的我只能接受,可是后天因素完全是我自己可以控制的,那些不良的饮食习惯或者沉迷游戏这些不仅仅加剧了我脱发的速度,还在很多方面给我带来负面影响。所以,我必须立即行动起来挽救这一切。亡羊补牢、犹未晚矣,只有甘愿失败的人才会在挫折中破罐破摔,欲成功者必须正视挫折,在挫折中及时反省和纠正自己。

除了身体方面的一些遗憾,我还为自己没有艺术感而觉得可惜,不懂乐理,不会任何乐器;不会画画,水平大概只停留在奕奕现在这个阶段。孩子的时候,其实学校是有音乐和画画课的,但是我从来没有喜欢过。然而长大后,才渐渐发现原来它们这么帅,这么迷人。很多时候,我甚至都想自学绘画或者是乐器方面的技能,但都没什么成效。诸如此类的各种各样的遗憾总是很多的,但现在想来,其实人生路上最大的遗憾还是精神上的缺陷给我带来的影响,尤其是在无聊和痴迷中浪费了大量的时间。人生之所以会有遗憾是因为人生是有限的，而且可以说是短暂的，而生命又是那么宝贵，于是回头看看那些被浪费的时光，以及那些浪费时光的原因就成了生命中最大的遗憾。但是从好的方面去看，那些遗憾未必是没有道理的，至少它让我在迷惑的时候，在失去方向的时候暂时停顿了下来，而不是到处乱窜，或者是固执地坚持着一个方向。如果真的再回到从前，重新再演绎一遍生命，我会如何？假设我从小就活在努力中，那么到今天我很可能会成为一个富豪，或者是政客、艺术家、体育明星，也就是成为现今价值观中人们普遍崇拜的对象。也许那个我现在正在沾沾自喜、高高在上，可是让现在的我，一个真实存在的我来评判那个虚拟出来的、从小就努力着的"我"，我却不会认为"我"有多么值得稀罕。相比之下，我更喜欢现在的我，真实、愉悦、上进，以及对未来充满希望。所以，我更加不愿意再回到从前。

能变成今天的样子我已经很满足，过往的无数次侥幸让我对未来的生活倍加珍惜，曾经的遗憾却让我在不断找寻方向的过程中树立了自己的价值观，没有被现实中泛滥的功利、虚无这些漩涡带走。我不想再回到过去，而生命也不会再给我这样的机会。但是人生的经历，不管是侥幸的还是遗憾的，都已经为我创造出了一座座高昂的灯塔，它们让我将生命看得更真切。相信在我身边长大的奕奕，也一定会被这些灯塔所指引，走出让自己喜爱的人生。

| 与儿子一起努力

06　世上最好吃的是亏

　　"世上最好吃的是亏，这句话让我想了千百回。"这是动画片《虹猫蓝兔》主题歌里的开头一句词。六岁大的奕奕，今年喜欢看电视了，家中数字电视里可以点播的动画片他看了很多。奕奕看电视的时候喜欢让我陪着，所以什么《电击小子》、《西游记》、《喜羊羊和灰太狼》、《大头儿子小头爸爸》我也看了不少，不过给我印象最深的还是《虹猫蓝兔》，不为了别的，就为了这句歌词。有一阵子，我经常和奕奕一起唱这首歌，在我的影响下，我们还经常改编唱，比如我唱："世上最好吃的是红烧亏。"他就唱："世上最好吃的是清蒸亏。"什么"油焖亏"、"香辣亏"、"剁椒亏"我们都唱过，甚是有趣。

　　奕奕曾问："为什么世上最好吃的是亏？"我说："这个问题很难。很多人想了千百回也未必想明白，我也没法一下子就让你弄懂。"之后我答应他一定会跟他好好解释这个问题，然而奕奕显然对此并不是很关切，因为每每我试图结合实际告诉他吃亏的好处时，他总是置若罔闻，扭头忙自己的事去了。人的天性是排斥吃亏的，任何一个人不到一定的年纪，不先通晓一定的道理是不可能领悟吃亏是福这个道理的。孔融让梨的故事为什么能流传至今，是因为四岁的孔融能把大的梨主动让出去本身就是一个奇迹，是超越了人的天性的，而故事中所诠释的价值观——谦让也正是人类社会一直渴求的。以前的孩子兄弟姐妹多，在家长的训导下，大孩子让小孩子的情况比较常见，但绝大多数情况也都是不情愿的。比方说，有十对兄弟各分十对大小不同的苹果，假设分的人不受任何干扰，有完全的自主权，如果先由弟弟来分，那么十个弟弟都会把大苹果留给自己，甚至不管自己是否能吃得完。再如果由哥哥来分，那就有可能有五个哥哥会把小的苹果留给自己，其余五个则毫不客气地把大的拿走。拿走大苹果的哥哥我不愿多评论，那是天性使然，而那些拿走小苹果的哥哥们，我们又该如何看待呢？首先，我想当然要鼓励他们这种谦让的行为。事实上，他们之所以能在这种情况下让出大苹果，十之八九是此前大人们对这种行为大加鼓励的结果。但是，同时我们也要看到，他们这种谦让的行为反映出的很有可能不是真正的谦让，也许他们的心中有种无形的压力迫使他们这样做；也许他们内心根本就不情愿，只是因为想要得到表扬才那么做。谦让本身是值得表扬的，但如果只是为了得到表扬而做出谦让的行为，那这种谦让是可怕的。所以我不主张强求孩子学会谦让，否则很可能导致那些看似谦让的行为其实并不具备谦让的内涵，比如那种带着狭隘目的性的谦让就宁可不要。延伸开来说，不管是对自己还是对孩子，建立任何好的品质都是不能强求的。

人之恶，基本来源于狭隘的目的，那种人人一眼便能洞穿的恶行自不必说，可另一种隐藏在高尚行为下的恶就不得不警惕，那是内心的险恶。这种险恶堪称社会的毒瘤，它险，险在它难以区分其善恶；它恶，恶在它不但攫取了个人利益，还吞噬了社会的良心，把原本高尚的事情混淆成自私或者邪恶，让人对高尚失去信心。前段时间，被誉为中国首善的陈光标备受质疑,我有一种为陈光标抱不平的心理。在有五千年文明史,总是倡导德育的地方,真正想行善的人却常常要偷偷摸摸地去做,惟恐被人说三道四,这是我们每个中国人该感到痛心的。在没有明显证据和事实的情况下,我不愿意去怀疑陈光标的慈善动机,但就陈光标能够在这种环境下高调地做慈善,本身就是一件壮举,是值得赞叹的。动画片《西游记》里有一句歌词"什么妖魔鬼怪,什么美女画皮,都挡不住火眼金睛的如意棒",可是现实中,扮成善良人的坏蛋数不胜数,可"孙悟空"又有几个呢?如果把所有看起来善良的人都冤枉成恶人而一棍子打死,那肯定不会再有假扮善人的坏蛋了,但我们同样要给善良准备追悼会了,从此世间将没有善,只有赤裸裸的恶。如果真善与伪善只能靠火眼金睛才能辨别,这等同于在大多数情况下真善必须与伪善为伍,那还有几个人愿意明明白白、大大方方地做善事呢?唉,真是矛盾啊,这个社会怎么会变成这样?

更让人困惑的是,很多人心之险恶似乎是被培养出来的,是人们在德育的过程中为了使孩子(或者被教育者)在情商方面尽快达到某种超越同龄人的高度而不择手段的结果。孩子不能理解谦虚,大人就教他只有谦虚才不会被人攻击或者嘲笑,让孩子误以为谦虚就是为了明哲保身;孩子不能忍受吃亏,大人就告诉他吃亏能赚大便宜,让孩子误以为吃亏是一笔聪明的交易;为了让孩子学会节约,大人告诉他浪费了东西就等于浪费了钱,让孩子误以为节约就是为了钱……还有一种情况也严重扭曲着孩子的心理,就是大人自己不能身体力行,嘴巴一套,行动一套,让聪明的孩子从小就陷入迷惘中。比如尊重,放在大人嘴里是多么重要多么美好的事,可是看看他们的行动就知道尊重不过就是势利眼,欺软怕硬罢了;再比如诚实,大人要求孩子的时候很严厉,自己却整天想着法圆谎,有时候甚至不惜教唆孩子一起行欺骗之事;还有比如耐心,看到孩子没耐心了大人自己就急躁起来,孩子在这种急于求成的环境里怎么可能学会耐心呢?大人尚且无法真正领会德育的内涵,尚且不能做到其宣扬的道德,孩子自然也就无所适从，甚至将错就错，那么孩子的下一代结果如何也就可想而知了。这样看来，整个社会会变成今天这种道不道、德不德的样子也就不奇怪了。

  人之天性是狭隘的，这是人性会往险恶一方发展的基础。但是人类社会有把人性往善的一面引导的责任和需求，这就是德育的重要性。我们历来声明自己重视德育，但实际情况往往是浮于言表，人们对金钱、物质、权利、地位的希冀或崇拜远高于道德，甚至已经将道德的价值沦为是否有用这个层面上，认为那些不能给自己牟利的道德都是空的。所以归根结底，重点不是哪类人被扭曲了，而是整个社会被扭曲了。于是我不得不追溯道德的价值，这个本来毋庸置疑的东西在文明程度高度发展的今天受到了强烈的冲击，不知道是应该把此看作一个笑话还是看作一种突破。虽然在此前的言论中我在这方面的论述显得比较悲观，但其实我的心态是很积极的，因为我相信这个社会不会再继续漠视这种已经被模糊、被边缘化的道德观，突破应当就在眼前。

07 可悲的道德

法律和道德是维系社会的根本，如果把法律比作社会的骨架，那么道德就是社会的韧带，没有法律社会无法支撑，没有道德社会无法运转。为什么道德会如此重要？我们先来看下有哪些道德：与人为善、诚实守信、互敬互助、见义勇为、敢作敢当、相互体谅……我们再反过来看下有哪些是不道德的：损人利己、言而无信、落井下石、为富不仁、逃避责任、造谣中伤等等。很明显，道德是社会交往的纽带，是人与人之间和谐相处、团结友爱的基础，而不道德则正相反，它会撕裂社会的韧带，导致人与人之间无法相处。任何一个人与社会相处，都应以道德为基础，尽管我们每个人都不可能在树立道德方面处处做到完善，但起码我们应该做到尊重道德，以道德为楷模。可现在是什么情况呢？我们在尊重道德吗？

一个花天酒地、光鲜亮丽的企业主和一群辛勤劳作的工人，你会尊重谁？我想很多人会毫不犹豫选择前者。这里，我首先赞同他们的坦诚，因为即使你说会尊重工人，我还会仔细观察你的回答是否是你自己内心的表露。但是我们在这个观念上必须辩驳一下。尊重前者的人会说前者有能力，有魅力，反过来的意思就是后者没有能力。那我就问：一个有能力的社会蛀虫会比一群没能力的建设者更值得尊敬吗？有人说不能把奢侈浪费就看作是蛀虫，没有少部分人的奢侈浪费哪有那么多工厂在运转，哪有那么多工人有工作？我看他们的言下之意就是蛀虫养活了辛勤劳动者，而辛勤的劳动者也心甘情愿地去养活蛀虫。我同意他们的这个判断，这正是这个社会表现出的畸形之一，但是我要问的是：是什么导致了奢侈浪费，成了社会发展的动力？有人说：正是奢侈浪费促进了社会流通，加速了社会发展。吁，我长叹一口气，承认自己不懂经济学，可我更不懂的是，靠奢侈浪费来为社会发展提速，我们征求过全世界人的同意了吗，我们征求过下几代人的同意了吗？我们用全球范围内几代人的资源去加速这一代的发展，我们把未来严重透支了，我们的良心到哪里去了？如果这是国家的决策，那我就问：国家的目的就能这么狭隘吗？与科学发展观格格不入的奢侈浪费，为什么在这个时代能如此猖獗？

接着看一个问题：为什么那小部分人可以挥霍无度，而有那么多人却活得苟延残喘？很明显，因为那少部分人掌握了这个社会的绝大部分资源，也正因为他们控制和消耗了大量的资源，才导致资源的价格不断攀升，最后让大部分人为了得到仅仅是维系生活的资源就要过度消耗他们仅有的劳动力。抓住这个问题来分析一个典型：房价为什么这么高？开发商说是地价高，开发成本高。我承认地价是一个重要的原因，因为土地资源的分配肯定是出了问题。地方政府在推进城市化的过程中不断占地，先大量透支财政投入到基础设施建设或者是城市拆迁中，然后吸引投资，抬高土地出让金（也就是俗称的地价），弥补财政空缺，而这个过程不是阶段性的，是持续进行的，这样城市地价就越来越高。比方说，十年前某个普通商品房一平米的建筑面积其包含的土地出让金是 200 元，而现在就要达到 2000 元，而一般老百姓的收入在这十年里能增长十倍吗？我记得 1999

年大学毕业的时候我们这里一个普通工人的月收入是一千,而现在一个普通工人的月收入也就是两千。为什么现在还有很多普通人能买得起房子,那主要是因为有父母亲的帮助,是家庭给予个人的保障。可是要知道让大部分人买得起房,让人人有房住这本是国家的责任。另一个问题也很可怕,那就是很多人虽然咬牙买下了房子,却从此变成了房奴,贷款、装修、物业,看起来很大很漂亮的房子其实是一辈子的包袱。很多人买了房后就更期望房价涨,看到房价涨了,似乎自己的包袱就轻了。事实上也是这样,现在的房价已经高到了跌不得的地步,一跌社会就不稳定了,那么试问下,在这个背景下,开发商还会担心房价下跌吗?既然开发商不担心房价下跌,那么房价岂不是要一直这么高下去?

如果说地价上涨是城市化带来的必然结果,那么老百姓至少也在其中获得了实惠,有更多创业和就业的机会,能享受更好的城市设施,周边有更多花园和广场,当然也有一小部分老百姓或许更向往三十年前那种宁静、环保、简朴的城市环境。让我们再看看善于伪装成无辜者的开发商吧,他们又是如何一轮一轮地哄抬房价的。开发商擅长的是把房子造得越来越漂亮,越来越上品味,可别以为我是在褒奖,因为我要说的后面一句是,那些只想着怎么把房价抬上去的开发商从来不管广大购房者真正的需求,因为他们在房屋的花式上每增加一块钱的成本,他们就可以期望在有策略的销售中多收回两块钱的利润。这些少数掌握了商品房一级流通市场的寡头现在越来越缺少竞争,在控制房价的策略中几乎达成联盟:有条件要猛涨,没条件变着法也要涨。这些房产寡头都是十几年中国房市兴隆发展中几经磨练的霸主,积累了巨额资产,可是他们至今还是沿用过去白手起家的那一套:出一小部分钱买到地,然后用买到的地找银行贷款,接着靠承包商垫资把房子造起来,基础上来后开始卖房子,至此,开放商原来腰包里的钱几乎没少,新的腰包又涨得鼓鼓的。不过,这里面最大的问题还不在于开发商不花钱就能赚到钱这个奇怪的现象,而在于一旦房价下跌，房子卖不动了，那倒霉的是谁？是开放商吗？绝不会是开发商，可以说如果房子真的卖不动了，开发商早就带着自己原来的腰包消失了，剩下的亏损就让开发商所属的员工、银行、承包商（包括那些没收到材料款的材料供应商）这些倒霉蛋去应付吧。所以说，那些不需要承担风险，又能赚大钱的人，他们会在乎什么呢？而正因为真正承担风险的其实是整个社会，所以这个房价更加跌不得。看，所有的受益者都指向开发商个人，而风险承担的问题又几乎和他们不沾边，难怪这些寡头能不顾老百姓死活，不考虑社会大局，胆子大到无边。其实政府有很多手段可以让房价跌下来，比如控制贷款（现在已经在做了），但是根本性的还是要真正建立保障房制度，拿出大量的地建设经济房、廉租房。这里要明确一点，要让效果明显，就必须是真正的实施，而不是在纸上画个饼应付老百姓，能看不能吃。可是让人矛盾的是，如果真用了这剂猛药，房价下跌了，老百姓是有房住了，但因为前面提到的那些原本是房市中的利益链，尤其是银行，却瞬间变成了社会的负担，并且必然极大地冲击到经济发展，最后对国家、对老百姓来说反倒得不偿失。哎，这不是已经到了左右为难、骑虎难下的境地了吗？难道也就真的是只能慢慢来了？

　　打住吧，不能再围绕房子的事情说下去了，否则就是胡言乱语了。事实也是，我也只是因为在建筑领域的工作中通过积累的一些所见所闻而在脑子里爆发出了这些观点（当然，最近看了很多《财经郎眼》这个电视节目对我也有很多启发），不能保证都说到了点子上，更不能保证说的都是正确的。何况说着说着已经跑题了，把"世上最好吃的是亏"这种思想问题说到了我不擅长的经济问题上，所以必须打住。其实，本来我只是想说现在很多的富豪、明星这类人都过于奢侈，而且为富不仁，而我们却还崇拜着他们，甚至崇拜他们的挥霍，难道我们所宣扬的道德在金钱、地位这些东西面前就那么不值一提？邓小平说过：要允许一部分人先富起来。可是我更向往他表达的后面那层意思：先富起来的人要带动其他人一

| 与儿子一起努力

起富起来，最终达到共同富裕的目的。然而现在的情况是，富裕的人只记得第一句话，而穷人却依然憧憬着后面那句话。我不是富人，也不是穷人，其实我也是既得利益者，但是我和穷人一样，热切盼望着那些已经先富起来的人能多站出来些，去完成邓小平的，也是我们整个社会的愿景。

08 抛弃内心深处的狭隘

伟人为什么能成为伟人，那首先是因为他们不断抛弃了人类天性中的各种狭隘性，渐渐树立了伟大的人生目标，也就是存在于伟人身上的最值得尊敬的道德——为天下人谋福利。伟人总是被世人崇拜，可是世人又崇拜伟人什么呢？莫不是崇拜着他们的地位、名气，或者是处事的手段？可笑，伟人若在天有灵，当他们看到那些崇拜者竟像崇拜开发商、企业主、各类明星一般的崇拜他们，他们会是什么感觉？原谅我大胆臆测一下，也许他们会说：哎，其实做伟人真的一点都不难，主要是绝大多数人太甘愿做一个平庸的甚至是庸俗的人，所以我们才会成为伟人。习惯平庸，这是一个人一生中最大的考验，关系到一个生命是不是精彩。不管一个人曾经有多么宏伟的梦想，如果他经受不住考验就必然沦为平庸。有的人十岁就变得平庸，有的人三十岁变得平庸，有的人七十岁变得平庸，也有的人即使一百岁却不平庸，也有的人虽然已经平庸了却突然醒悟过来变得不平庸，在平庸与否的问题上我们不能用过去的成功与失败来衡量，世人眼里成功的人其实平庸者大有人在，而世人眼里的失败者同样有很多不平庸的人。当

| 与儿子一起努力

然，我们可以选择做一个平凡的人，做一个享受生活的人，但我们绝不要让自己沦为平庸，变成一个人云亦云，随波逐流，找不到自我的人。

这个世上有多少人想成为伟人？我想每个过来人都曾经有过成为伟人的梦想，然而真正有将成为伟人作为理想的人很少，而其中的大多数应该集中在已经声名显赫的人群中。确实，那些声名显赫的人更具备成为伟人的条件，因为他们有经历、有实力，如果他们在此基础上树立起了伟大的人生目标，那么成为伟人对他们来说或许真的不是梦想，而是理想。我们小时候在被教育的过程中都有树立远大目标的冲动，有的甚至也树立了这样的目标，可是我们却总是发现这种目标太过缥缈，太过不切实际。想想，现实中总是为了没有得到某个奖励而耿耿于怀，为了几次失败厌倦了奋斗，遭遇了所谓的不公平就以为看穿了人生，被人误解了几次原本热忱的心顿时就凉了，或者，取得了一点成绩就沾沾自喜，达到了一定的地位就故步自封，成为既得利益者就动摇了自己原有的立场。可是理想呢，却要求我们不计得失，心胸宽广，一往无前。在现实和理想的较量中，有多少人最终能站到理想这一边？凤毛麟角！所以，那些想成就理想的人，他们最缺的是什么？是"亏"！他们应该多吃各种各样的亏，而且要吃出各种各样的味道：红烧味、清蒸味、卤味、香辣味……直到把"亏"当作天赐的美味。

可人就是有不肯吃亏的天性，因为我们总被自己与生俱来的狭隘所约束。如果我们尝试超越自己的天性，去试试亏的滋味，那又如何？那些不肯吃亏的人，只会在"失"的时候企图抓住失去的不放，在"得"的时候总想捂住已经得到的。而我们现在就反过来，在"失"的时候我们要看到未来的希望且依然保持积极的心态继续前进，在"得"的时候我们要敢于放下眼前的利益仍继续一往无前地奋斗。如果我们能做到这一点，表面上看我们失去的就失去了，得到的也可能失去了，好像是吃亏了，可是这个亏的滋味我们自己知道，刚开始的时候会有些苦涩，但吃到后面就欲罢不能了。

　　前不久给车子加油，到了加油站后，有个口子一辆摩托车正在加油，于是我就在旁边等着。等到摩托车加好油，我正想开上去，一辆刚从道路上开来加油的车子从口子的另一端过来抢先占领了原本属于我的位置，和我的车子面对面停到了一起。那个司机以及加油站的女职员看了看我，两人都面带微笑。事后想想他们的笑应该是带着点歉意，带着点让我包涵的意思，可在当时，他们的笑被我误解成满不在乎，于是我的怒火"噌"地就上来了，心里暗骂："×，还笑！你应该低下头来，而你，应该制止他才对！"其实不管他们笑不笑，遇到这种事，我想我一定会发火，尽管理智总是告诉我不要生气。可人在吃亏的时候总会产生一种强烈的反感，而如果吃亏是因为对方的不道德，那这种感觉就会更强烈，也更理直气壮，甚至让人暂时失去理智干出傻事。所以很多事端虽然看起来很小，却能引发强烈的冲突，以至于形成难以弥补的后果。其实每次平静下来后想想，都会为自己内心的激动感到后悔，对自己一次又一次因为不肯吃亏而产生怒火感到失望，失望自己为什么反思来反思去，可内心还是那么狭隘。人总是爱讲道理，什么包容、理解、爱等等，还喜欢超脱，把那些发生在别人身上的事看得都很透彻，可是一旦自己成为当事人，特别是吃了亏的当事人，那他的眼前就只剩下怨恨。有时候我很庆幸自己没有超能力，因为如果我有的话，有多少无辜的人已经因我的超能力惨遭不幸，仅仅是因为他们的一点点小错甚至只是对我无意间的冲撞或者阻碍。可现在我明白了，人的天性是如此难以驾驭，并非用几个简单的道理就可以控制，如果把这看做是一种心理上的病态，那么肯吃亏则恰恰是这个病的解药。试想再回到那天加油的情境中，当我看见有人抢了我的位置，我首先做到不为此计较，然后平静地观察事态的发展，这样我就会看出那个驾驶员以及加油站员工当时对我的微笑是善意的，也就不会曲解、误会他们的意思，更不会让自己的情绪恶化。至于要不要站出来一本正经地捍卫道德，我想在

与儿子一起努力

绝大多数类似场合都没有那个必要,我应该做的是给他们一个示意,友好地表示我的包容,因为这样做可能更能打动他们,毕竟与友好的包容比起来,指责和谩骂只能诱发人们更多的不良行为,却无助于增强道德感。如果我这样做了,那么我就相当于心平气和地吃下了一个亏,并在咀嚼的过程中慢慢体会内心的变化,审查自己还有多少狭隘需要打破。

人的一生不知道要面对多少亏,如果一直不能认识到不肯吃亏的心理缺陷是因为我们先天上的不足造成的,那么我们在吃亏的时候就难免被自己狭隘的天性所约束,在无数次排斥和愤怒的情绪中,将会给我们的一生制造多少事端,甚至是悲剧?但若我们现在认识到了自身的问题,逐渐在各种各样吃亏的过程中发现并打破自身的狭隘性,让自己变得越来越肯吃亏,从而化解了形形色色的危机,也就相当于无形中把埋伏在人生路上的许许多多个地雷都排除了。而且,肯吃亏也能让你的人品更突出,人缘更好,也更有机会得到他人的关怀和帮助,所以说,世上还有比肯吃亏更好的补药吗?

现在,我可以试着来回答一下"为什么世上最好吃的是亏"这个问题了。起先,亏是天赐的,你不愿意吃也得吃,然而世上没有多少人愿意吃,可你却终于吃出了亏的妙味,变得喜欢了,甚至当"天"都不想再把"亏"赐给你的时候,你都要自己去找来吃了。可见,亏不是一般人能享受的,而懂得享受的人又欲罢不能了,这就符合了"最"的意境。重要的是,在不断品尝亏的滋味的同时,也就渐渐消化了残存于自身的各种狭隘性,使自己成为一个胸怀宽广、品性高尚的人。这才是"亏"的妙味,是它好吃的地方。

也许,爱茶的人说龙井最香,爱音乐的人说交响乐最美,爱品酒的人说葡萄酒最甘醇,可是我要说,对那些渴望超越自我的以及为理想奋斗的人而言,"亏"最好吃。

09 让自己努力起来

大概是受了"少壮不努力,老大徒伤悲"这句千古绝句的影响,以前我总以为努力是小时候的事,长大后就无所谓努力不努力了。虽然有时候我很放肆,但此时却没有诋毁这句名言的意思,因为我记得在年少的时候它也曾经无数次激励过我,每当我无所事事时,这句话总会在脑海里活生生地跳出来,就仿佛是一剂药输入我体内,让我有所觉醒。不过,事物都是两分的,就如我们要从消极中看到积极的一面一样,我们也要在正面中警惕其负的一面。回想过去,每个人都会有自己的遗憾,但我们不必为过去的不完美而感到难过,更不要为没有拥有一个坐享其成的现在而感到悲伤,如果因为看到自己的不足反倒让自己懈怠,那就大错特错了。每个人都藏着让自己瞠目结舌的能量,与其无聊地对着璀璨的星空幻想,与其去羡慕别人生机盎然的样子,为什么不立刻行动起来,好好规划一下自己的现在和未来呢?那些到了相当的年纪后突然有一天明白了努力的意义并最终找到了快乐和成功的人数不胜数,我没必要在这里罗列这样的例子,我只想告诉那些还在犹豫"现在努力还有没有用"这个问题上的人一个事实：别说去努力个一年半年有什么用，只要你能从现在开始静下心来努力一个小时，你就会很强烈地感觉到有一股能量在身体里集聚，这就是努力的价值！

很多人对这个事实缺少体验，以至于不相信这是真的。但如果你愿意按照下面的示意去尝试几次，或许你就能明白我的意思。起先，在你想努力却不知道方向更没有确定目标的时候，你首先要让自己静下心来，抛开浮躁，并且试着远离那些会让你浪费时光的活动，比如游戏、闲聊、泡吧等等，要做到这一步有一个很好的办法：去找些简单又有意义的事情做。当你看到家里有些脏乱，那好，一件有意义的事情出现了——打扫卫生；当你觉得自己缺少锻炼，体弱多病或者对自己的体型不满意，那好，一件有意义的事情又出现了——锻炼身体；当你觉得最近与孩子的关系有些紧张，那好，去找找原因并试着和孩子沟通沟通；当你觉得工作上总有专业问题存在疑惑，那好，去翻翻书或上上网挨个给自己解惑；当你觉得有太多的事情想做，那我建议你从最简单的开始做起。在适应努力这条路的初期，常常做些有意义的事情就是第一选择，它首先可以确保你已经行动了起来，然后可以让你振作精神，并像化学中的催化剂一般促使你很快找到一个努力的目标。

不过，当你在做这类有意义的事情前一定要记住，这不是挑战，而是在完成一件你本应该也有能力完成的事情，而且这个事情不是一次性的，是要定期去做的，所以在挑选这类事情的时候一定要有个大概的计划，千万不要刚开个头就结束了。比如，我现在把打扫家里的卫生当作了一件有意义的事情去做，我的计划是看到家里脏乱了就用一个小时左右的时间来搞卫生。每次我搞卫生的时候都是不紧不慢的，但是条理必定要清楚，刚开始没理清楚的可以慢慢琢磨，其实我认为这也是在通常的状态下做任何一件事情应保持的态度。我一般选择在午睡前开始，先是整理，把凌乱的东西一件一件归位，接着准备好两三块专用的毛巾用来擦拭桌面、茶几、床沿这些地方，并清洁卫生间，然后是扫地，最后是用毛巾擦地板。整个过程里，我会开着电视机听听看看，很多时候我一边在做事一边在琢磨其他事情，等到整个过程结束后，看到家里整齐干净的样子总是心情愉悦，感觉睡个午觉后就有更充沛的精力去做其他有意义的事情。其实，我现在做的最频繁、最有兴趣的事情还是锻炼身体。这事情我是这样计划的：首先尽量少在外面吃饭和娱乐，保证晚上的锻炼时间。在每次一个多小时的锻炼时间里，我在健身房不会去找任何人聊天，最多就是打个招呼，因为把注意力集中在锻炼上可以保证自己做事情的时候动机纯粹，并有助于提高健身效果，让自己真正喜欢上这件事情。事实上，通过一年多有规律的锻炼，尤其是跑步和游泳，让我的身体素质提高了很多，以至于现在开始尝试一天两练，早上去家里附近的学校操场跑步，晚上仍然去健身房锻炼。与打扫卫生不一样，健身已经成为我努力的一个目标了，把这个目标描绘得详细点就是：强化身体机能，增加运动技能，以备不时之需。

在我们做这类有意义的事情的时候还有一点很重要，既不要急于求成，更不要吹毛求疵，因为这些事情单独拿出来都不重要，今天做与不做都不会有多大的影响，重要的是做的过程以及其长久性。像搞卫生这种事，今天忘记了或是耽误了可以明天再做，大不必自责；若论结果，只要我看得过去就可以，至于这个角落那个角落的那不是我该计较的。所以丈母娘有时候过来会看不下去，一定要把家里某个局部搞得特别干净，我也随便她，反正自己该怎么做还是怎么做。因为在打扫卫生这件事情上我完全没必要提高标准，否则很可能坚持不下去，毕竟这不是我努力的方向。况且，对眼前的事物吹毛求疵是典型的完美情结，是一种性格上的缺陷，因为这类人眼界太狭隘，把事物定义得很小，而且总以为事物应该是完美的，因而看到的都是遗憾，心情总是沉郁。可是这却跟我们这些需要努力的人相反，我们认为事物都是发展的，根本没什么完美，我们的努力就是让事物往好的方面发展,所以我们看到的都是希望,并充满朝气。

除了要克服自己的完美情结之外,我觉得,那些苦于找不到动力去努力的人,或者那些找不到目标去努力的人,基本上都是眼高手低,不屑于眼前小事的人。他们始终没想明白,其实任何值得让人骄傲的事情都是通过身边的小事铺垫起来的,在小事中塑造自己的品行,磨炼自己的意志;在小事中看清事物的道理,明白努力的方向;在小事中弥补自身的缺陷,逐渐增加能量。所以,不懂得在身边的小事中锤炼自己的人是不可能成功应对所谓的大事情的。况且,我们也不能把努力与干大事等同起来,只有努力的人才配去干大事,但是努力却远远不仅仅是干大事。古人有句话很好:"不积跬步,无以至千里;不积小流,无以成江海。"可见,努力的要旨正在于"积",日积月累、厚积薄发,而不在于是否轰轰烈烈。

也有很多人终日沉溺在各种游戏中,想努力却不能自拔。这种情况也只有在我们这个社会才会出现。生产效率大幅度提高,文明程度飞跃发展,让我们每个普通人都可能拥有非常多可以自由支配的时间和精力,而长远的看,如何使用这部分时间和精力就成了人和人之间最大的区别。换言之,那些懂得在自由中努力的人能在未来的生活中占主动地位,予取予求、予舍予留,自己对生活的支配权会越来越大;反之,那些轻易挥霍生命的人将逐渐丧失自己原有的主动权,最后完全处于被支配的状态,陷入可怜又可恨的地步。

耽误生命是可耻的,因此我们必须在各种各样的耽误中警醒过来。不过,我们也不必为自己曾经耽误过感到悲观,因为只要从我们真正懂得珍惜的那一刻起,生命之路对我们来说就永远都是年轻的。有个人三十岁的时候觉得自己老了,就这样了。当他到了四十岁时,他感叹:现在真老了,要是十年前该多好啊。又过了十年,五十岁了,我们又听到他感叹:老了老了,唉,年轻十岁该多好啊。照这样下去,我们知道他六十岁的时候要感叹自己五十岁多美好，七十岁的时候要感叹自己六十岁多美好，可是既然想到八十岁的时候要来感叹七十岁的美好时光，为什么不趁现在开始就好好过呢，有任何理想和愿望都可以付诸行动去努力实现啊。是的，即使已经八十岁，即使此前的生命大部分都耽误了，即使只剩下三天生命，只要对生命还有期待和留恋，我们就该努力起来。我们要相信，努力可以让自己保持年轻，不管是思想上、意识上还是身体上，都会使原有的水平保持下去甚至有所提高，这对那些已经自认为老的人来说难道不是一种诱惑吗？

让自己努力起来，是一个人一生中堪称里程碑的事件，而让自己一生都处于努力的状态，那无疑是一个人最大的人生价值。

| 与儿子一起努力

10　努力的价值

　　我喜欢观察人，喜欢推断他们目前的人生状态发展的趋势，是上升的，是停滞的，还是下降的。我也常思考一个人一生中理想的状态曲线应该是怎么样的？现在我尝试用最简单的画图软件画了一张"人生状态曲线发展示意图"，希望借此来表达自己在这方面的观点。毫无疑问，在非特殊情况下，每个人的状态在他的童年阶段都处于一个上升期，其中大部分人会在青壮年阶段还会上升，但到了中年便基本停滞下来，而到了老年则渐渐衰落。有小部分人的人生之路是应引以为戒的，因为他们进入青年阶段后，人生状态就长时间地停滞了，到了老年则迅速下降。也有一部分人是值得我们借鉴的，他们的人生状态虽然在相当长的一段时间里处于不良的发展趋势中，但是他们中途觉醒，并开启了努力之路，从此让自己的人生轨迹开始逼近理想状态的发展曲线。当然，因为起步晚，中途觉醒后的状态曲线不会达到理想状态发展曲线的高度，但他们后来居上并最终会超过身边大部分人。让我们再来看看理想状态的发展曲线是怎么样的。我认为的理想状态的发展曲线是一个人一生中各个阶段都处于不断发展的过程中。青年的发展速度要超过童年,中年的发展速度要超过青年,而到了老年阶段的早期,他的发展速度开始放缓,但仍然在发展,只有到了老年阶段的后期,因为年龄的缘故,人生状态才开始出现不可避免的下降。而且,理想状态下一个人的老年阶段会延长许多,或许是 20 年,或许是 50 年。

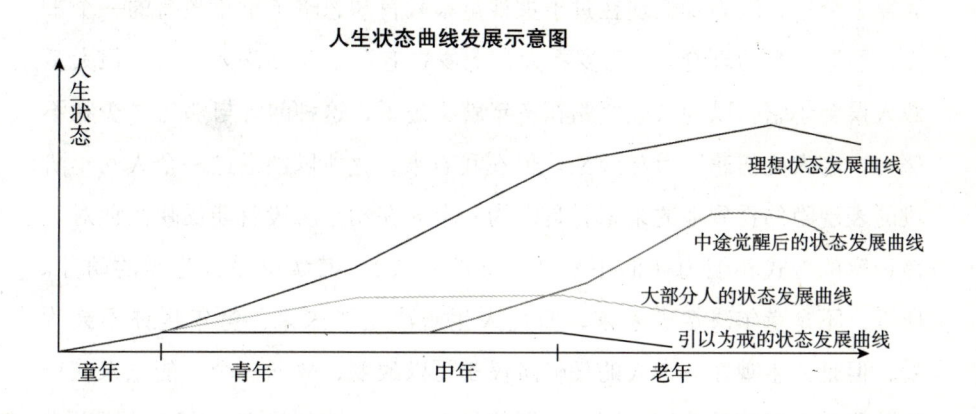

人生状态曲线发展示意图

(纵轴:人生状态;横轴:童年、青年、中年、老年)
- 理想状态发展曲线
- 中途觉醒后的状态发展曲线
- 大部分人的状态发展曲线
- 引以为戒的状态发展曲线

我所谓的人生状态是指一个人对自身素质、能力的评判,以及他对周围乃至对整个社会的影响力。在童年阶段,每个人的素质、能力以及对周围的影响力都是差不多的,但即使是一点点差异(并不单纯指状态高低的差异,更主要的是接受观念的差异),都可能决定了一个人在青年阶段的状态发展趋势。所以我重视童年阶段的教育,但反对在童年阶段任何方面的相互攀比。因为童年教育的重点应该是引导生命的理念以及普及常识,而不是在攀比中把重点转移到某些狭隘的专业领域里,最终为了童年阶段那一点点状态的高低耽误了孩子以后的发展趋势。也许有人会举出例子反驳我,说谁谁从小就开始某专项训练,并且最终大获成功。抛弃那些带着悲剧的天才,我还是愿意承认世上有这样的特例,但是我要问,世上有几个这样的特例?我也相信奇迹,但是我不相信奇迹是在随波逐流里捡来的,所以你愿意冒着巨大的风险而执著地去捞取一个奇迹,那我无话可说。

青年阶段才是人生的转折,是衡量一个人童年阶段的教育是否成功的标尺，在这个阶段的发展速度如果超过童年的，可认为童年阶段的教育是优秀的，如果没有超过童年的发展速度但仍然在不断发展中的，可认为童年阶段的教育是合格的，但如果这个阶段的人生状态开始逐渐停滞了，那么童年阶段的教育无疑是失败的。我相信目前大部分人的童年教育都只能算得上合格，因为我们现在过于重视童年教育却忽略了童年教育的一个重点：引导生命的理念。"三岁看大，七岁看老"这句话深入人心，但大多数人误会了它，以为人生之路在童年就决定了，这种曲解与那句"少壮不努力，老大徒伤悲"互相呼应。但在我看来，之所以能通过一个人幼年阶段的表现隐约看到他的未来，是因为一个人在幼年阶段就能反映出他对生命理解的方式和能力（而不是某方面的专长），其实就是人生观的萌芽。所以，不是童年决定了未来，而是人生观决定了未来。童年也许不会改变，但是人生观在一个人的任何阶段都可以改变，故而一个人的未来在任何阶段都有可能被改写。因此，即使是中年人，即使是老年人，都可以去期待一个崭新的人生，但前提是改变原有的人生观。

谈到人生观这个极其重要的词汇，却没有几个人能真正明了自己的人生观，尽管他的人生观是确实存在的。先举两个例子看看。那些可以在马路上不顾及车流而大摇大摆走路的人，通常不是因为他们不要命（当然轻视生命也是一种人生观），而是因为他们轻信自己不会成为倒霉蛋，这就反映出了他们的人生观里充满命中注定之类的侥幸心理，对是否自己来掌握命运并不在意；同样是卖包子的小摊贩，一个在顾客告之"东西不好吃"的时候给以"爱吃不吃"的回应，另一个则冷静地寻找原因，分析到底是个别顾客口味特殊还是自家的东西的确有需要改进的地方。简单的瞬间，顽固和进取两种人生观一目了然。其实，除了本能以外，每个人的举手投足，比如待人接物、学习态度等，都大致能反映出他们的人生观。只是人们到了一定的年龄后就极少去梳理、校正自己的人生观，因此大多数人的人生观早早就定型了。这也就能解释为什么有的人童年阶段的表现就决定了他的未来，也有的人青年阶段的发展状态就停滞不前了。反过来也能解释为什么有些人在早期阶段一无是处，可是突然间就进入了一种让人羡慕的状态，因为他们改写了自己原有的人生观，并且用行动创造了新生活。

那么怎么样的人生观可以引导人们进入理想的生活状态呢？其实世上没有完美的人生观可以直接用以引导人们进入理想的生活状态，这是显而易见的，因为世上本没有任何完美。一切事物，包括我们的思想、意志都在不断发展变化中。我们本可以期望一切都可以往好的方面发展，但事实上并非如此。特别是对于个体而言，其发展变化就更难以预料，可能会变好，也有可能会变糟。而对于人类来说，我们的发展变化并不主要取决于周边环境，更多地取决于自身，也即我们的思想、意志这些精神上的东西可以主导我们人生发展的方向，而其中最重要的就是我们的人生观。但是，人生观也是在发展变化中的，不同的人生会有不同的人生观，不同的人生也会有相类似的人生观，然而这些都不重要，重要的是我们要确保自己的人生观在往更好的方面发展，而其鉴定的标准正是是否能引导我们更近一步接近理想的生活状态。

人生产生了人生观，人生观引导了人生进入了新生活，新的人生又产生了更新鲜的人生观，人生与人生观相生相克、相辅相成。我们要确保这个互动持续下去就需要不断思考和总结自己的生活，而要确保这个互动是良性的，就需要靠我们自身的努力，努力让自己往好的方面改变。所以，努力是理想人生的发动机。我们一生下来这个发动机就在运转，可是绝大多数人在中途就熄火了。所以我们必须重新开启这个发动机，而且要保证它不断运转，从而使我们的人生逐步向理想状态靠拢。也正因为是这样，才凸显出了努力的价值：不断调整自己的人生观，并用实际行动将自己带入近似理想的生活状态。

11 努力的方向

为了更好地阐述观点，我不得不再一次笨手笨脚地画了一张"人生观发展曲线示意图"，用来大概描述人生观的几种典型状态。这里要用到一个很基础的数学概念：斜率。首先，斜率是正的，说明人生观是良性的，斜率是负的，说明人生观是恶性的。然后，如果在正方向上的斜率越大，表明人生观越接近完美（请注意这个完美是相对的，假设为某人在一生中可能达到的最佳程度）；如果斜率为零，既为一条水平的直线，则认为不存在人生观，这可以看做是我们刚出生时候的状态；如果在负方向上的斜率越大，则认为该人生观越糟糕。

在童年阶段的早期，我们可以说没有人生观，所以在这个时候是一小段近似水平的直线。到了童年阶段的中后期，我们开始创造或者接受人生观，是人生观的萌芽期。但这时候的人生观极模糊，也不稳定，可能是良性的，也可能是恶性的，所以在这一段里是一条上下波动的曲线。到了青年阶段，大部分人的人生观开始趋于稳定，在主流社会的影响下朝良性发展，在此后的各阶段里可能会经历几个突变，但发展趋势基本是直线，也就是说斜率是大致不变的。也有小部分人从青年阶段开始朝恶性发展，但很快也会趋于稳定，期间也会有突变（可能会变好，可能会更坏），发展趋势同样基本是直线，斜率不变。

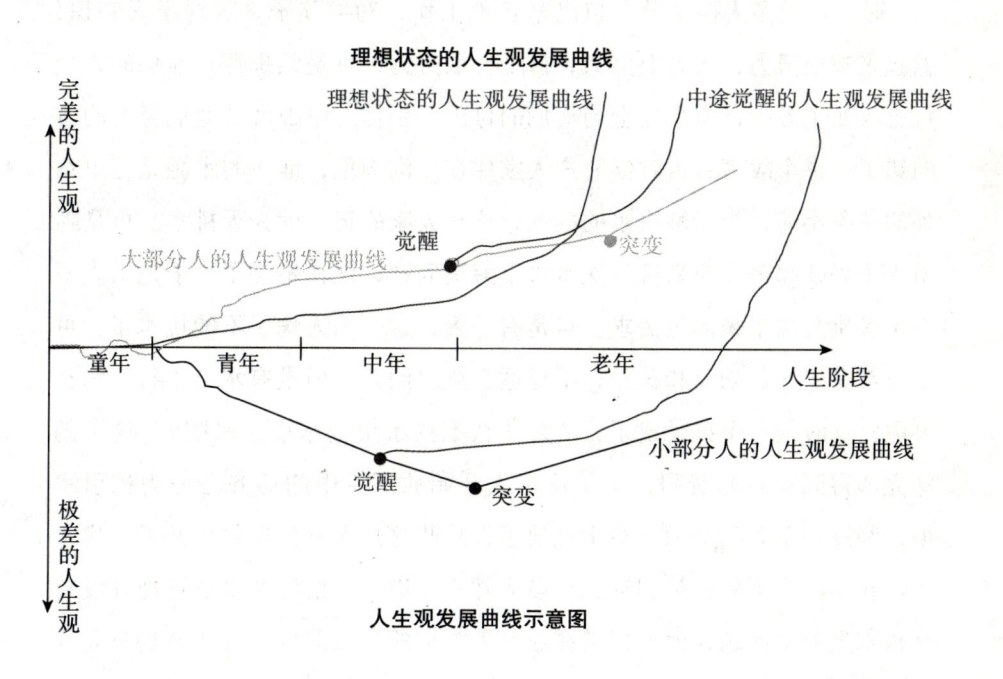

理想状态的人生观发展曲线

人生观发展曲线示意图

再来看下理想状态下的人生观发展曲线，它是一条从童年开始斜率就不断增大的曲线，表明了人生观在不断趋于完善。要达到这样的曲线，必定要在童年阶段就开始人生观的引导，并在其后的各人生阶段里不断努力校正、改善自己的人生观，让人生观不断趋于可能的完美状态。对比前一张"人生状态理想发展曲线图"我们知道，理想状态下的人生观发展曲线与之是相匹配的，没有理想的人生观发展趋势也就演绎不出理想的人生状态发展曲线。当然，理想状态下的人生观也仅仅是一种假设，目的是给我们指引努力的方向。更实际的情况是，我们人生的早期阶段一直处在平庸的甚至是不良的人生观里，但终于有一天觉醒过来，把理想状态的人生观当作了努力的方向,从此,在不懈的思考和行动下,自己的人生观开始不断发展,并画出一道美妙的近似理想的曲线,而人生状态也随着人生观的改进而变得越来越积极、主动。

时下,很多人很辛苦,自己辛苦地工作,劝导孩子辛苦地学习知识,看起来都很努力,大人很努力,孩子也很努力,可是结果呢,他们的人生状态改变了多少,似乎完全与他们的付出不相称。原因就是他们努力的方向错了。讲个故事:古时候有户人家住在山沟沟里,惟一的水源是三里路外的一条小河,为了解决水的问题,这户人家的男人就天天挑水。可是随着人丁兴旺起来,原来挑三次水可以解决问题,现在不够了,于是男人不得不多挑几次水来满足需求。可是有一天,这个男人病了不能挑水了,可家里都是老人、妇女和孩子,不是适合挑水的人,但没有水又不行,怎么办呢?这时候一个孩子说了:"为什么不挖条渠把水引过来呢?"这个想法立即得到家人的赞同,于是这家人开始放下手中的活齐心协力挖引水渠,经过一个月的努力,终于完成了,从此这户人家世世代代都不必挑水了。我编了这个故事是想说,很多人并不知道正在忙碌的事情可能并没有从根本上解决问题,他们只是在应付着眼前的一点需要,其实他们只要改变观念,把时间和精力用在关键的地方,那么一个原本需要无休止忙碌的事情就会变得非常轻松。而新的观念本来不难,连孩子都想得到,但是改变观念就很难,因为人们总想固守原有的模式,不到万不得已就不愿尝试新的生活模式。这就是问题的关键。

再回到现实中,对孩子来说,知识是重要的,但更重要的是学习知识的方法和态度,而比这更重要的是要让孩子明白确立并改善自己的人生观有多么重要。拿那个故事来比喻,知识就好比水,为了知识而学知识就好比天天挑水;掌握了学习知识的方法和态度就好比挖了引水渠,知识便如水一般源源不断了;而懂得确立和改善自己的人生观就好比掌握了培养各方面能力的方法和态度，不光是知识，还有品德、智力、体育。这不才是真正的德智体全面发展吗？其实早有很多人在高喊"要培养孩子的人生观"，这说明他们看到了人生观对一个人的重要性，但是我必须要纠正的是，人生观不是靠外人来培养的，培养起来的人生观必定是空洞的、静止的，无法起到指引人生的目的，只能让人误以为人生观不过是些无用的东西罢了。所以我们应该这样倡导：要引导孩子看待生命的理念，让孩子知道生命不息、努力不止。

讲到这儿，我想我的观点已经清楚了：努力不是苦力，不是一成不变的忙碌，而是要从改善我们的人生观开始，不断改善自己的人生状态。所以，完美的人生观就像数学里的符号"∞"（无穷大），虽然永远够不到，但却是我们努力的方向。

后记　我们在努力

前后两年多的时间，写这本书带给了我许多新鲜和有益的思考，我在这个过程中不断改善着自己的人生观，以至于现在回头看看两年前的我，都有些不忍心了。这甚至是我在写书之前都没有想到的结果。不过，这显然是一个好的征兆，它给了我更大的信心，让我确信了努力的价值，并鼓舞我在努力的路上快乐地、永远地走下去，把曾经的过去，现在的过去，以及将来的过去都远远抛在脑后，让未来更开阔、更丰富吧！

奕奕一直在努力，从出生开始的第一声啼哭、第一次睁眼、第一次吃奶，慢慢到自己会说话、会走路、会吃饭，再到适应群体生活、学习社会知识，一直到现在开始乐意接受挑战、喜欢弄懂事物的缘由、在大人的教育和指引下发展各种技能、通过在各种尝试中感受身边大人的眼神从而明白什么是好的，什么是坏的。奕奕的努力是显而易见的，无时无刻，无处不在，这是他的天性，在他自以为能够驾驭生活之前，这种努力会一直持续下去。每个人都是这样过来的，在这一点上，奕奕并没有什么特殊的地方。

我也开始努力了,这应该是我长大后第一次真正找回了努力的天性。大概早在二十多年前,与生俱来的那台可以驱动努力的"发动机"就彻底停止了,只有在被迫的时候它才会偶尔发动起来,一旦周遭平息了,被迫的因素不在了,它也就自然偃旗息鼓了。我也曾经无数次试图用意志去控制这台发动机,希望它能够不断地运转,但是没有成功,不是启动不了,就是维持不下去。于是在二十多年里,我习惯于无风无雨,并深深地依赖其中,所幸在某些关键的节点上,我被危机和责任感所驱动,及时启动了发动机,并使自己步入了较良好的人生轨道(相对于大多数普通人而言)。从现在的角度看,我的前二十多年完全可以活得更好,如果把曾经浪费了的时间和精力能更好地利用起来的话。但这不是在表达我的后悔之意,其实我一点都不后悔,反而为我最终没有淹没在被动和迷茫中感到庆幸。更重要的是,我可以利用在这方面的人生经验去引导奕奕,让奕奕明白努力的价值,让他不要像我们大多数人一样中途就停歇下来,一停就是几十年,甚至是一辈子。

行动和思想应该产生足够的互动,否则必定是需要检讨的。行动产生或者改变思想,思想指导行动,这不管对个人还是对集体都是一样的。如果行动和思想的互动使结果往有利的方向前进,那么这样的互动就是良性的,是值得期待的。而努力,从结果上来说,正是要使这样的互动越来越充分,越来越值得期待。在重新开始努力之路的起跑线上,每个人根据目前的人生状态和人生观都会有不同的努力方向,有人会为提高专业技能而努力,有人会为寻求仕途或者财富而努力,有人会为发展公益或者慈善事业而努力,有人会为帮助自己孩子更好地发展而努力,不过努力方向的不同并不是关键,关键的是在努力的过程中要积极改善自己的人生观,从而可以不断调整自己努力的方向,使努力的价值越来越显现。

所以我不赞成给自己设定一个终极的努力方向,不管这个方向听起来

| 与儿子一起努力

多么光鲜亮丽，因为这意味着我们用目前的人生观去指导将来的生活，这同时意味着我们的努力已经偏离了发展人生观这个最重要的价值方向。对自己是这样，对孩子更是这样。因此我们要鼓舞孩子不断努力，但我们不能要求他们去成为这个，成为那个，至于他们到了一定的年龄后会成为什么样的人，那应该是由孩子自己决定的，他们的努力同样会给他们带来积极的人生观，同时也就决定了他们会有一个如何的人生状态。对于孩子而言，我们只要正确地引导他们，好好看护他们的努力，做到这些就足够了，剩下的，就让我们去相信自己的孩子吧，他们总会找到属于他们的路。

奕奕还不知道未来对于他来说会有多少挑战，但是我会用我的力量帮助他克服自身的狭隘，帮助他更积极地创建和思考人生，对于未来的不确定性，我会时刻提醒他可能潜在的风险，但是我的能力终究只能给他的人生路起到辅助的作用，我想这就是我对奕奕的引导和看护吧。对于人生路，我们都有无数的盲区，但我有资格引导奕奕，因为我爱他，并且我在努力扫除人生路上的盲区，有能力让自己也让奕奕对人生路看得更清楚。如果我在某方面做得不够，而自己又没有及时发现，这会是一个遗憾，但这也是必然会有的现象。所以我希望若干年后，奕奕能够来批判我，就像我现在所做的这样。

感谢奕奕给我带来新的人生，也希望我给奕奕照亮一个宽广的人生。让我们一起努力吧，奕奕！